스타일링이 쉬운

핸드메이드 여성복

사토 카나

HANDIS

책을 시작하며

어렸을 때 엄마는 저와 동생의 옷을 자주 만들어 주셨습니다.
어린 날의 저는 엄마 곁에서 옷 만드는 것을 즐겨 보았고, 옷을 만
드는 과정이나 모습이 자연스레 익숙해져 갔습니다.

어릴 때부터 느껴온 익숙함 때문인지, 엄마의 영향 때문인지는 모
르겠지만 성인이 된 지금, 저도 엄마처럼 옷을 만들게 되었습니다.

스타일리스트라는 직업으로 일을 하면서 멋지고 개성 있는 옷들을
자주 접하다 보니 자연스레 나만의 옷을 만들어야겠다는 꿈이
생겼고, 그 꿈들을 이뤄가면서 나와 같은 꿈을 가진 사람들에게
도움이 되고 싶은 마음이 생기게 되어 이 책을 만들게 되었습니다.

초보자도 쉽고 간단한 방법으로 만들 수 있는 멋스러운 아이템들
을 소개하고 있으니, 이 책과 함께 세상에 하나뿐인 나만의 옷을
만나 보세요.

CONTENTS

A

TOPS & ONE-PIECE

B

PANTS

C

SKIRT

C-a
턱 스커트
p.36, 77

C-b
개더 스커트
p.37, 80

C-c
맥시 랩스커트
p.38, 82

C-d
미디 스커트
p.39, 81

C-e
리본 밴딩 스커트
p.40, 84

C-f
미니 스커트
p.42, 86

C-g
2way 스커트
p.43, 87

D

CAMISOLE

D-a
캐미솔 원피스
p.48, 88

D-b
캐미솔 블라우스
p.50, 91

E

GOUN

E-a
드레이프 재킷
p.52, 92

E-b
울 드레이프 재킷
p.54, 94

E-c
레이스 숏재킷
p.55, 95

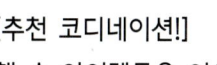

[추천 코디네이션!]
책 속 아이템들을 이용한 다양한 스타일링

MY
STANDARD

내 맘대로 만들고, 내 맘대로 입는다

디테일 없이 심플하고 어느 곳에나 스타일링하기 좋으며, 단품 또는 레이어드로 사계절 내내 입을 수 있는 여러가지 아이템을 소개합니다. 지퍼나 단추를 달지 않기 때문에 만드는 방법도 매우 간단합니다. 다섯가지 스타일의 패턴이 수록되어 있으니, 각자의 스타일에 맞게 원단 또는 옷의 길이를 바꾸거나, 형태를 조금 변형해도 좋습니다. 나와 잘 어울리는 길이 또는 실루엣으로 변형하여 애정이 듬뿍 담긴 나만의 옷을 만들어 보세요.

생각났을 때 다루기 쉬운 원단으로 바로 만들어 완성할 수 있는 것이 심플한 옷이 가진 장점입니다. 또한, 제작방법과 함께 직접 만든 옷을 다양하게 활용할 수 있도록 각 아이템별로 활용 가능한 스타일링도 수록했습니다. 아이템과 함께 매치하면 좋은 모자나 액세서리 등을 알아보고 나만의 스타일을 찾아 완성해보세요.

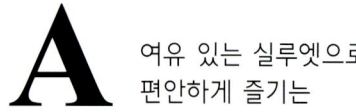

여유 있는 실루엣으로
편안하게 즐기는

TOPS & ONE-PIECE
상의&원피스

넉넉한 실루엣의 드롭 숄더 상의는 세련되고 밝은 인상을 줍니다. 디테일이 복잡하지 않아 쉽게 만들 수 있는 여성스러운 느낌이 가득 담긴 아이템입니다. 밑단의 길이를 늘려 원피스로 만들거나, 소매길이를 바꿔 다양한 스타일로 만들어 보세요.

A-a

프릴 블라우스

how to make ▶ p.58

원피스의 길이를 줄여 만든 블라우스는 소매에 달린 프릴이 포인트
입니다. 심플한 디자인에 입체적이고 여성스러운 디테일을 더해 한
층 멋스러운 아이템으로 완성했습니다.

A-b

튜닉 원피스

how to make ▶ p.61

A테마의 기본형 패턴으로, 계절과 연령을 불문하고 언제든지 누구나 편하게 입을 수 있는 튜닉 원피스입니다. 원피스 하나만 입어도 심플한 멋이 더해집니다. 다른 아이템들과 함께 매치하면 또 다른 느낌의 원피스로 변신합니다.

A-c

롤업 원피스

how to make ▶ p.62

새빨간 레드 컬러의 린넨으로 만든 원피스는 소매에 롤업 벨트와 단추를 달아 완성했습니다. 앞몸판은 덧단을 단 것 같은 디테일을 더해 포인트를 주었습니다. 깔끔한 스타일로 입을 수 있는 아이템입니다.

A-d

개더 원피스
how to make ▶ p.66

어깨에 개더를 잡아 완성한 개더 원피스는 A라인의 실루엣이 소
녀처럼 순수하고 귀여운 느낌을 줍니다. 차분한 컬러나 작고 단조
로운 무늬의 원단으로 만들면 더욱 발랄한 분위기가 연출됩니다.

A-e

레이스 블라우스

how to make ▶ p.64

차분한 라임 컬러의 블라우스 네크라인에 블
랙 컬러의 배색천을 더하고, 배색천과 같은
컬러의 스캘럽 레이스를 달아 완성한 레이
스 블라우스입니다. 레이스를 소맷부리가 아
닌 어깨선에 끼워 개성 있는 스타일로 완성
했습니다.

A-f

리본 원피스

how to make ▶ p.67

가볍고 착용감 좋은 거즈 소재로 만든 리본 원피스입니다. 같은 원단으로 만든 벨트로 허리를 묶어주면 여성스러운 실루엣이 완성됩니다. 차분한 분위기의 체크 무늬 원단으로 만들어 보세요.

A TOPS & ONE-PIECE STYLE

넉넉하고 여유 있는 실루엣으로 레이어드하기 좋고, 사계절
내내 즐겨 입을 수 있는 실용적인 아이템들을 소개합니다.
취향에 따라 옷의 길이와 소재를 바꾸면 다양한 스타일의
옷을 만들 수 있습니다. 평범한 일상복에서 특별한 날의
의상까지 다양하게 스타일링해보세요.

"back"

"front"

with
a
fur hat

린넨로브 원피스를
아우터로

CASUAL

넉넉한 실루엣으로
다양한 레이어드 가능!

와이드 팬츠로
시크하게 마무리

〈 *style* 〉
01

〈 *style* 〉
02

〈 *style* 〉
03

〈 *style* 〉
04

〈 *style* 〉
05

〈 *style* 〉 **01**

투닉 원피스 위에 린넨로브 원피스를 아우터처럼 걸쳐 어른스러운 느낌을 더한 스타일입니다. 느슨하게 묶은 허리벨트와 블랙 컬러의 단정한 구두로 포인트를 주었습니다.

〈 *style* 〉 **02**

터틀넥 니트 위에 롤업 원피스를 레이어드하고, 밑단을 접어 발목이 시원하게 드러나는 데님 팬츠와 매니시한 느낌의 구두를 함께 매치하여 캐주얼한 스타일로 연출했습니다.

〈 *style* 〉 **03**

터틀넥 니트 위에 프릴 블라우스를 레이어드하고, 워싱 데님 팬츠와 부츠를 함께 매치하여 시크하고 매니시한 느낌의 스타일링을 완성했습니다.

〈 *style* 〉 **04**

거즈 소재의 체크 무늬 원피스에 퍼모자와 두께감 있는 스톨, 니트 레깅스를 함께 매치하여 겨울에 입기 좋은 따뜻한 스타일링을 완성했습니다.

〈 *style* 〉 **05**

블랙 컬러의 스캘럽 레이스가 달린 블라우스에 와이드 데님 팬츠와 화이트 컬러의 구두를 매치하면 캐주얼하고 깔끔한 스타일이 완성됩니다.

with a stole

컬러풀한 레깅스로 포인트를!

허리벨트로 포인트를!

《style》
09

ACTIVE

《style》
10

여성스러운 블라우스를 캐주얼하게!

《style》
06

《style》
07

《style》
08

《style》 06

레이스 블라우스에 B-a의 세미배기 팬츠를 함께 매치했습니다. 라임과 화이트 컬러의 조화가 매우 산뜻합니다. 퍼모자와 스톨로 따뜻함을 더해보세요.

《style》 07

차분한 컬러의 튜닉 원피스에 롱카디건을 매치하고, 블루 컬러의 레깅스로 포인트를 주면, 여성스러우면서도 개성 있는 스타일이 완성됩니다.

《style》 08

롤업 원피스에 얇은 가죽 허리벨트를 매치했습니다. 벨트의 위치를 허리보다 높게 하면 다리가 길어보이는 효과를 줄 수 있습니다.

《style》 09

모노톤으로 이루어진 베이직한 스타일에 소매를 자연스럽게 롤업한 재킷을 함께 매치했습니다. 캐주얼한 구두를 매치하면 좀 더 발랄한 느낌이 더해집니다.

《style》 10

여성스러운 프릴 블라우스에 빈티지한 데님 스커트를 매치했습니다. 니트 모자와 스니커즈를 더하여 캐주얼한 스타일을 완성해보세요.

PARTY

컬러풀한
가방으로
포인트를!!

with
a
coat

I love
one-piece. ♡

하얀 양말로
한층 세련되게

《 style 》
12

《 style 》
13

《 style 》
14

《 style 》
11

《 style 》
15

《 style 》 **11**

체크 무늬 원피스에 오버 사이즈의 블라우스를 겹쳐 입은 레이어드룩으로, 마치 스커트를 따로 입은 것처럼 연출했습니다. 다양한 아이템들을 함께 매치하여 스타일링해보세요.

《 style 》 **12**

심플한 튜닉 원피스에 큼직한 목걸이와 화려한 스트랩 구두를 매치하면 멋스럽고 세련된 스타일로 연출할 수 있습니다. 원피스 안에 플리츠 스커트를 레이어드하여 여성스러운 느낌을 더해주세요.

《 style 》 **13**

여성스러운 프릴 블라우스에 톰보이 스타일의 귀여운 서스펜더 팬츠를 매치하여 캐주얼하게 연출했습니다. 화려한 컬러의 가방으로 더욱 귀엽고 개성 있는 스타일을 완성해보세요.

《 style 》 **14**

레드 컬러의 롤업 원피스에 베이지 컬러의 트렌치코트를 매치하면 강렬한 컬러 대비가 눈에 띄는 스타일이 완성됩니다. 코트의 소매를 가볍게 접어 올려 세련된 느낌으로 연출해보세요.

《 style 》 **15**

라임 컬러의 레이스 블라우스에 어두운 톤의 데님 스커트를 매치하여 차분함을 더했습니다. 레오파드 무늬의 웨지 힐을 함께 매치하여 발랄하고 개성 있는 스타일을 연출해보세요.

B

지퍼 없이
간단하게 만들어 입는

PANTS

팬츠

지퍼 없이 간단하게 만들어 입을 수 있는 넉넉한 실루엣의
팬츠입니다. 앞에는 턱을 접어 깔끔함을 더했고, 뒤허리밴드
에만 고무줄을 넣어 단정하게 보이도록 완성했습니다. 앞·뒤
에 주머니가 달려있는 실용적인 팬츠는 4가지의 사이즈로 수
록되어 있습니다.

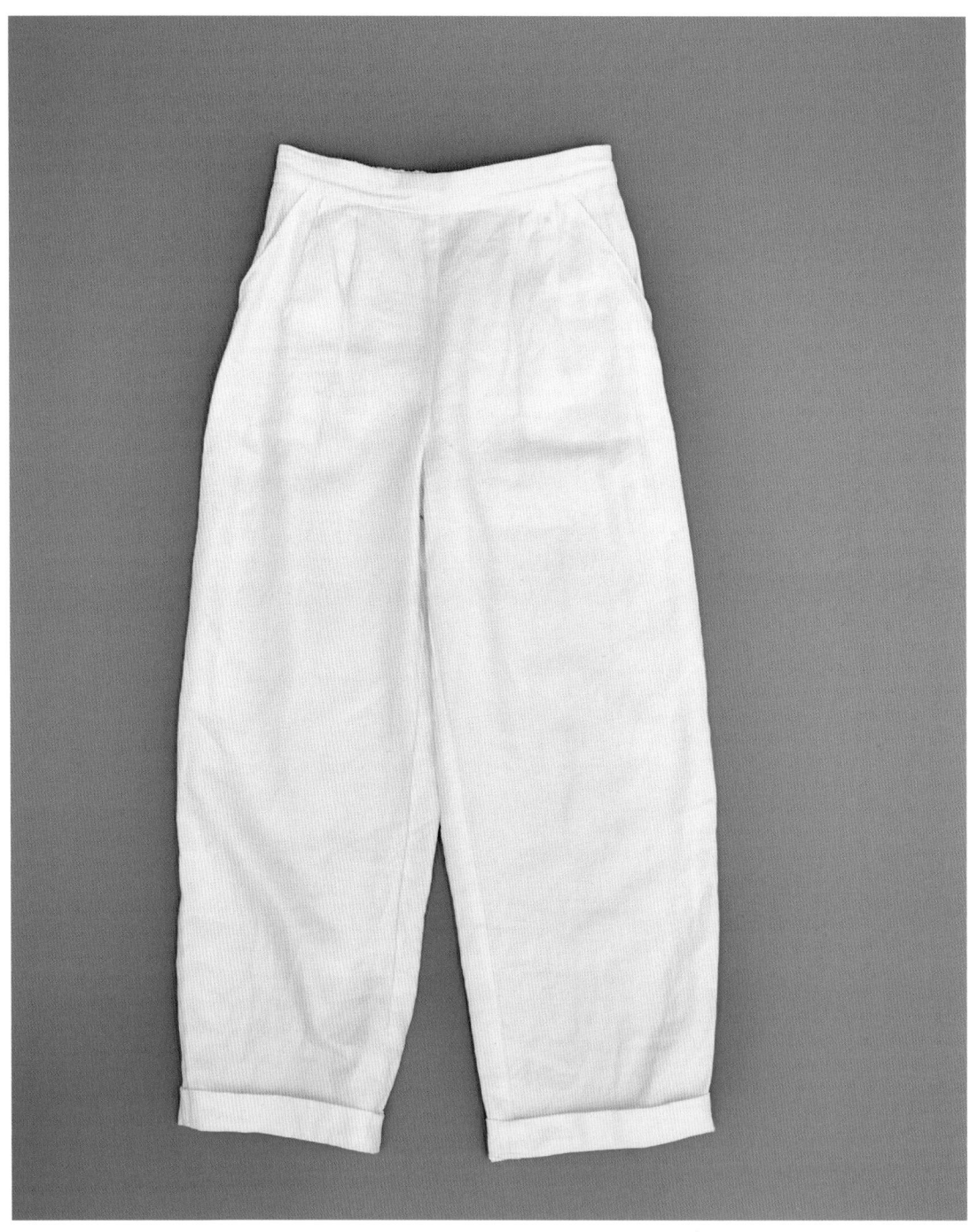

B-a

세미배기 팬츠

how to make ▶ p.68

어느 옷과도 잘 어울리는 베이직한 스타일의 세미배기 팬츠입니다. 상의를 넣어 단정하게 입거나 밑단을 롤업하는 등 함께 매치하는 옷에 맞춰 다양하게 연출할 수 있습니다. 가을·겨울에는 코듀로이나 트위드 소재로 만들어 따뜻함을 더해보세요.

B-b

숏팬츠

how to make ▶ p.71

빛이 바랜듯한 빈티지 느낌의 꽃무
늬 원단으로 만든 숏팬츠입니다. 분
위기 있는 내추럴 컬러의 린넨을 사
용하여 차분하고 여성스러운 느낌
으로 완성했습니다.

B-c

8부 배기 팬츠

how to make ▶ p.72

밑단으로 갈수록 폭이 좁아지는 8부 길이의
배기 팬츠입니다. 허리에 접은 턱과 발목이 보
이는 길이가 날씬해 보이는 효과를 줍니다.
무지의 린넨을 사용하여 깔끔한 스타일로 만
들어 보세요.

B-d

점프수트
how to make ▶ p.74

팬츠의 허리에 윗몸판을 더해주기만 하면 간단하게 점프수트를
만들 수 있습니다. 같은 원단으로 만든 어깨끈으로 리본을 묶어
귀여움을 더해주세요. 어깨끈을 뒤로 묶으면 또 다른 느낌으로
연출할 수 있습니다.

B-e

와이드 크롭 팬츠

how to make ▶ p.73

모던한 스타일로 입을 수 있는 여유 있는
실루엣의 와이드 크롭 팬츠입니다. 앞중심
선을 잡아 심플하고 깔끔하게 완성했습니
다. 그레이 컬러의 울 소재로 따뜻하고 세
련된 느낌의 팬츠를 완성해보세요.

B-f

서스펜더 팬츠

how to make ▶ p.76

워싱하지 않은 데님 소재로 만든 캐주얼하고 귀여운 느낌의
서스펜더 팬츠입니다. 멜빵을 떼어내고 팬츠만 입어도 예쁜
활용도 높은 아이템입니다.

B PANTS STYLE

심플한 스타일의 팬츠는 하나쯤 가지고 있으면 좋은 아이템입니다. 여기에서는 세미배기 팬츠부터 숏팬츠, 점프수트, 서스펜더 팬츠 등 다양하게 스타일링할 수 있는 여러가지 팬츠들을 소개하고 있습니다. 팬츠의 종류에 따라 나만의 스타일로 코디네이션 해보세요. 팬츠와 어울리는 신발과 양말을 고르는 것도 또 하나의 즐거움이 됩니다.

발목이 보이는
심플한 8부 길이의 팬츠

FEMININE

with a jacket

《style》
01

《style》
02

《style》
03

《style》
04

《style》
05

《style》 **01**

화이트 컬러의 세미배기 팬츠와 스트라이프 무늬의 카디건으로 세련되고 산뜻한 스타일을 연출해보세요. 블랙 컬러의 플랫 슈즈를 함께 매치하면 활동성 좋은 스타일링이 완성됩니다.

《style》 **02**

니트 소재의 원피스와 린넨 소재의 숏팬츠를 함께 매치하였습니다. 타이즈를 신으면 추운 날씨에도 숏팬츠를 즐길 수 있습니다. 펌프스 힐과 레이스 칼라를 더하여 더욱 여성스럽게 연출해보세요.

《style》 **03**

심플한 스타일의 8부 길이 배기 팬츠에 볼륨감 있는 퍼 장식과 레오파드 무늬의 슬립온을 함께 매치하면 럭셔리한 느낌의 스타일로 한층 업그레이드 시킬 수 있습니다.

《style》 **04**

모노톤으로 통일한 터틀넥과 와이드 크롭 팬츠는 차분하고 성숙한 느낌으로 입을 수 있습니다. 컬러감 있는 양말이나 펌프스 힐을 함께 매치하면 심플한 스타일에 포인트가 됩니다.

《style》 **05**

캐주얼한 느낌의 점프수트에 재킷을 걸쳐 모던함을 더했습니다. 단정한 컬러의 펌프스 힐을 매치하면 여성스러움이 더해집니다.

33

Autumn and winter

《 style 》
07

웨지 샌들로 여성스럽게

elegant!

《 style 》
09

SIMPLE

《 style 》
08

《 style 》
06

화사함을 더해주는
여성스러운 액세서리

《 style 》
10

《 style 》 06

화이트 컬러의 세미배기 팬츠
는 가을과 겨울에도 활용하기
좋은 아이템입니다. 2way 베
스트와 함께 따뜻하고 활동
적인 스타일로 연출해보세요.

《 style 》 07

플라워 프린트의 숏팬츠에 파
나마 햇과 웨지 샌들을 함께
매치하여 여름 휴가와 잘 어
울리는 스타일을 완성했습니
다. 허리에 묶은 데님 셔츠가
멋스러움을 더해줍니다.

《 style 》 08

8부 배기 팬츠에 스탠드 칼
라의 화이트 셔츠를 매치하
여 깔끔한 블랙&화이트 스타
일을 완성했습니다. 연한 핑
크의 가는 허리벨트와 화이
트 컬러의 구두를 매치하여
발랄한 느낌으로 연출해보세
요.

《 style 》 09

화이트 컬러의 세미배기 팬
츠에 그레이 컬러의 티셔츠
를 매치하고, 그 위에 레이
스 코트를 걸쳐 어른스러움
을 더했습니다. 깔끔한 슬립
온 슈즈가 잘 어울리는 스타
일입니다.

《 style 》 10

울 소재의 블라우스와 배기
팬츠를 함께 매치하여 세련
되고 모던한 스타일로 연출
하였습니다. 여성스러운 느낌
의 액세서리로 화사함을 더
해주세요.

비비드한
컬러 양말이
포인트!

《style》
12

with
a
back pack

그레이 톤에는
밝은 컬러의
클러치백을!

《style》
13

《style》
15

《style》
11

CASUAL

《style》
14

《style》 **11**

점프수트와 터틀넥 니트를 함께 입으면 가을·겨울에 입기 좋은 따뜻한 스타일이 완성됩니다. 밝은 컬러의 클러치백으로 포인트를 더해주세요.

《style》 **12**

서스펜더 팬츠에 같은 컬러의 니트를 함께 매치하여 심플한 스타일을 완성했습니다. 스톨과 비비드한 컬러의 양말을 더하면 센스 있는 포인트가 됩니다.

《style》 **13**

세미배기 팬츠에 블랙 컬러의 린넨 블라우스를 매치하여 깔끔한 스타일을 완성했습니다. 에나멜 소재의 모카신과 백팩을 더하면 캐주얼한 느낌으로 연출할 수 있습니다.

《style》 **14**

8부 배기 팬츠와 티셔츠를 매치한 단조로운 스타일에 체크 무늬 셔츠를 허리에 묶어주면 발랄한 느낌으로 연출할 수 있습니다. 스니커즈로 캐주얼한 느낌을 더해보세요.

《style》 **15**

2개의 상의를 레이어드하고 화이트 컬러의 세미배기 팬츠와 함께 매치한 개성 있는 스타일입니다. 내추럴한 컬러로 통일감 있게 연출해보세요.

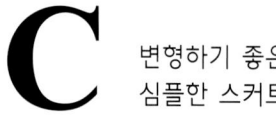

C

변형하기 좋은
심플한 스커트

SKIRT
스커트

허리에 잡은 주름으로 볼륨감이 넘치는 스커트는 간단하게 만들 수 있으면서도, 사용하는 소재나 무늬 또는 길이에 따라 다양한 느낌으로 완성할 수 있는 매력적인 아이템입니다. 뒤허리밴드에만 고무줄을 넣어 만들었기 때문에, 편안한 착용감과 함께 단정하고 깔끔한 스타일로 입을 수 있습니다. 패턴은 허리밴드만 4가지의 사이즈로 수록되어 있습니다. 사이즈에 맞춰 스커트의 주름 양을 조절하여 만들어주세요.

C-a
턱 스커트
how to make ▶ p.77

블루와 화이트 컬러의 대비가 산뜻한 느낌을 주는 스트라이프 무늬의 턱 스커트는 세로로 길어 보이는 효과를 줍니다. 앞스커트에는 턱을 접고, 뒤허리밴드만 고무줄을 넣어 만들었기 때문에 깔끔하고 편안한 스타일로 입을 수 있습니다.

C-b

개더 스커트

how to make ▶ p.80

강렬한 컬러가 인상 깊은 개더 스커트입니다.
컬러 때문에 자칫 너무 튀는 아이템처럼 보일
수 있지만, 단조로운 무늬 또는 차분한 컬러
의 상의와 함께 입으면 발랄하고 세련된 느낌
으로 연출할 수 있습니다.

C-c

맥시 랩스커트

how to make ▶ p.82

화이트 컬러의 린넨 소재로 만든 맥시 랩스커트
는 블라우스나 니트 등 어떤 옷과 매치해도 무난
하게 잘 어울리는 아이템입니다. 허리벨트를 묶어
귀엽게 연출해보세요.

C-d

미디 스커트

how to make ▶ p.81

개성 있는 기하학 무늬의 프린트 원단으로 만든 미
디 스커트입니다. 심플한 디자인이기 때문에 화려
한 프린트 무늬의 원단으로 만들어도 부담스럽지
않게 입을 수 있습니다. 심플하고 캐주얼한 아이템
과 함께 매치하는 것을 추천합니다.

C-e

리본 밴딩 스커트
how to make ▶ p.84

리버티 스타일의 플라워 프린트 원단으로 만든 리본 밴딩 스커트입
니다. 허리밴드는 취향에 따라 옆쪽이나 뒤쪽으로 리본을 묶어 연
출해주세요. 부드러운 촉감의 소재로 만들면 걸을 때마다 살랑거
리는 느낌에 기분이 좋아집니다.

C-f

미니 스커트
how to make ▶ p.86

광택감 있는 소재로 만든 미니 스커트는 특별한
날에 입기 좋은 화려한 느낌의 아이템입니다.
길이를 길게 만들면 한층 여성스럽고 우아한
느낌이 더해집니다.

C-g

2way 스커트
how to make ▶ p.87

블랙 무지와 깅엄 체크 원단으로 만든 2way 스커트입니다. 블랙 스커트에는 체크 주머니가, 체크 스커트일 때는 밑단 아래로 보이는 블랙 스커트가 포인트입니다. 하나의 스커트로 2가지의 스타일을 연출할 수 있는 유용한 아이템입니다.

C SKIRT STYLE

볼륨감 있는 주름 스커트의 스타일링법을 제안합니다. 소재
나 컬러, 무늬, 주름의 양을 각각 다르게 만든 스커트는 허리
에 고무줄을 넣어 착용감이 좋고, 만드는 방법도 매우 간단
합니다. 같은 디자인의 스커트라도 소재와 길이를 다르게 하
면 다른 느낌의 스커트로 완성되니, 다양한 스타일로 여러 벌
만들어 두세요.

CASUAL

"left"

"right"

짧은 기장의
아우터와
잘 어울립니다

비비드한 컬러의
숄더백으로
발랄하게!

with
a
jacket

미니 스커트를
캐주얼하게!

《style》
04

《style》
02

《style》
03

《style》
01

《style》
05

《style》**01**

프릴 블라우스와 스커트를 매치하여 여성스럽고 깔끔한 느낌으로 스타일링했습니다. 캐주얼한 샌들과 비비드한 컬러의 숄더백으로 발랄함을 더해보세요.

《style》**02**

그레이 티셔츠와 블랙 스커트, 귀여운 양말과 슬립온 슈즈를 함께 매치하면 심플하면서도 활동성이 좋은 스타일이 됩니다. 독특한 스타일의 클러치백으로 포인트를 더해주세요.

《style》**03**

기하학 무늬의 미디 스커트에 레깅스와 짧고 타이트한 실루엣의 점퍼를 매치하여 센스 있는 스타일을 완성했습니다. 카키와 파스텔 컬러의 믹스매치로 나만의 개성을 뽐내보세요.

《style》**04**

니트 소재의 튜닉 원피스에 롱 스커트를 매치하면 스커트 밑단이 포인트가 되는 레이어드 룩이 됩니다. 양말과 샌들을 함께 매치하여 캐주얼함을 더해주세요.

《style》**05**

티셔츠와 미니 스커트에 후드 집업을 걸쳐 캐주얼한 스타일을 완성했습니다. 체크 무늬 셔츠를 허리에 묶고, 깔끔한 캔버스화를 함께 매치하면 캐주얼함이 한층 업그레이드 됩니다.

PARTY!!

Let's enjoy the skirt style!!

롱카디건으로
키가 커 보이게!

with
a
gray
coat

shining
shoes

여성스러움을 더한
아웃도어 스타일

《 style 》
06

《 style 》
07

《 style 》
08

《 style 》
09

《 style 》**06**

화이트 컬러의 맥시 랩스커
트에 후드 티셔츠와 다운 베
스트를 매치하여 발랄한 느
낌의 아웃도어룩을 완성했습
니다. 독특한 무늬의 숄더백
과 스니커즈를 더해 더욱 스
타일리시하게 연출해보세요.

《 style 》**07**

네이비 컬러의 플랫 칼라 블
라우스에 블랙 컬러의 미니
스커트를 매치하면 소녀 같은
느낌의 스타일이 완성됩니다.
블랙 컬러의 레이스 스타킹과
펌프스 힐을 더하여 더욱 성
숙하게 연출해보세요.

《 style 》**08**

개더 스커트 위에 오버 사이
즈 코트를 걸쳐 스커트의 밑
단이 살짝 보이도록 연출했습
니다. 강렬한 컬러의 스커트
와 글로시한 실버 컬러의 옥
스퍼드화로 포인트를 더해 주
세요.

《 style 》**09**

리본 밴딩 스커트에 살랑거리
는 롱카디건을 매치하면 여성
스러운 스타일이 됩니다. 진
한 네이비 컬러의 롱카디건은
키가 커 보이는 효과를 줍니
다. 골드 컬러의 샌들을 매치
하여 멋스럽게 완성해보세요.

《 style 》**10**

슬림한 실루엣의 코트와 스
트라이프 스커트로 한겨울에
도 즐길 수 있는 마린룩을 완
성했습니다. 스커트와 비슷한
컬러의 레깅스와 옥스퍼드화
로 통일감있게 연출해주세요.

"left" "right"

산뜻한 겨울 스타일 완성!

with a fur

《 style 》 13

《 style 》 10

《 style 》 12

스커트를 원피스로 체인지!

스트라이프&체크는 모노톤으로 단정하게

《 style 》 11

《 style 》 14

《 style 》 **11**

스트라이프와 체크 무늬는 모노톤의 아이템과 함께 매치하면 어른스러운 분위기로 입을 수 있습니다. 브라운 컬러의 롱부츠를 매치해 부드러운 느낌을 더해보세요.

《 style 》 **12**

블랙 컬러의 터틀넥 니트와 롱카디건에 파스텔 컬러의 미디 스커트를 매치하여 심플한 스타일링에 포인트를 주었습니다. 모노톤의 레깅스와 신발로 차분함을 더해주세요.

《 style 》 **13**

화이트 컬러의 맥시 랩스커트와 블랙 컬러의 터틀넥 니트를 매치하여 깔끔한 스타일을 완성했습니다. 분위기 있는 퍼 스톨로 럭셔리함을 더해주세요.

《 style 》 **14**

리본 밴딩 스커트를 올려 입어 탑 원피스처럼 연출했습니다. 데님 팬츠와 카디건을 더해 편안하면서도 여성스러운 스타일을 완성해보세요.

D

레이어드하기 좋고
사계절 내내 입을 수 있는

CAMISOLE
캐미솔

여유 있는 실루엣으로 만든 캐미솔 원피스입니다. 여름에
는 린넨으로 시원하게, 겨울에는 울 소재로 따뜻하게 만
들면 사계절 내내 입을 수 있는 활용도 높은 아이템입니
다. 가슴 부분의 풍성한 주름과 얇은 어깨끈으로 여성스
러운 느낌을 더했습니다.

D-a

캐미솔 원피스

how to make ▶ p.88

심플한 스타일의 캐미솔 원피스는 차분한 컬러
의 원단으로 만들면 어떤 옷과도 잘 어울리는
아이템이 됩니다. 여유 있는 실루엣이기 때문에
레이어드해서 입기 좋습니다. 팬츠와 함께 매
치하면 색다른 느낌으로 연출할 수 있습니다.

D-b

캐미솔 블라우스

how to make ▶ p.91

속이 비치는 얇은 원단 두 장을 겹쳐 만든 귀여운 느낌의 캐미
솔 블라우스는 바이어스테이프로 어깨끈을 만들어 간단하게 완
성했습니다. 다양한 소재를 이용하여 나만의 캐미솔 블라우스
를 만들어 보세요.

 자연스러운 드레이프가
여성스러움을 더하는

GOUN

드레이프 재킷

직사각형에 구멍을 뚫고 소매를 달아 만든 드레이프 재킷입니다. 단순한 형태의 디자인이지만, 몸에 걸쳤을 때 나타나는 자연스러운 드레이프가 여성스러운 분위기를 더해줍니다. 따뜻한 울 소재를 사용하여 만들면 추운 날의 아우터로도 활용할 수 있습니다.

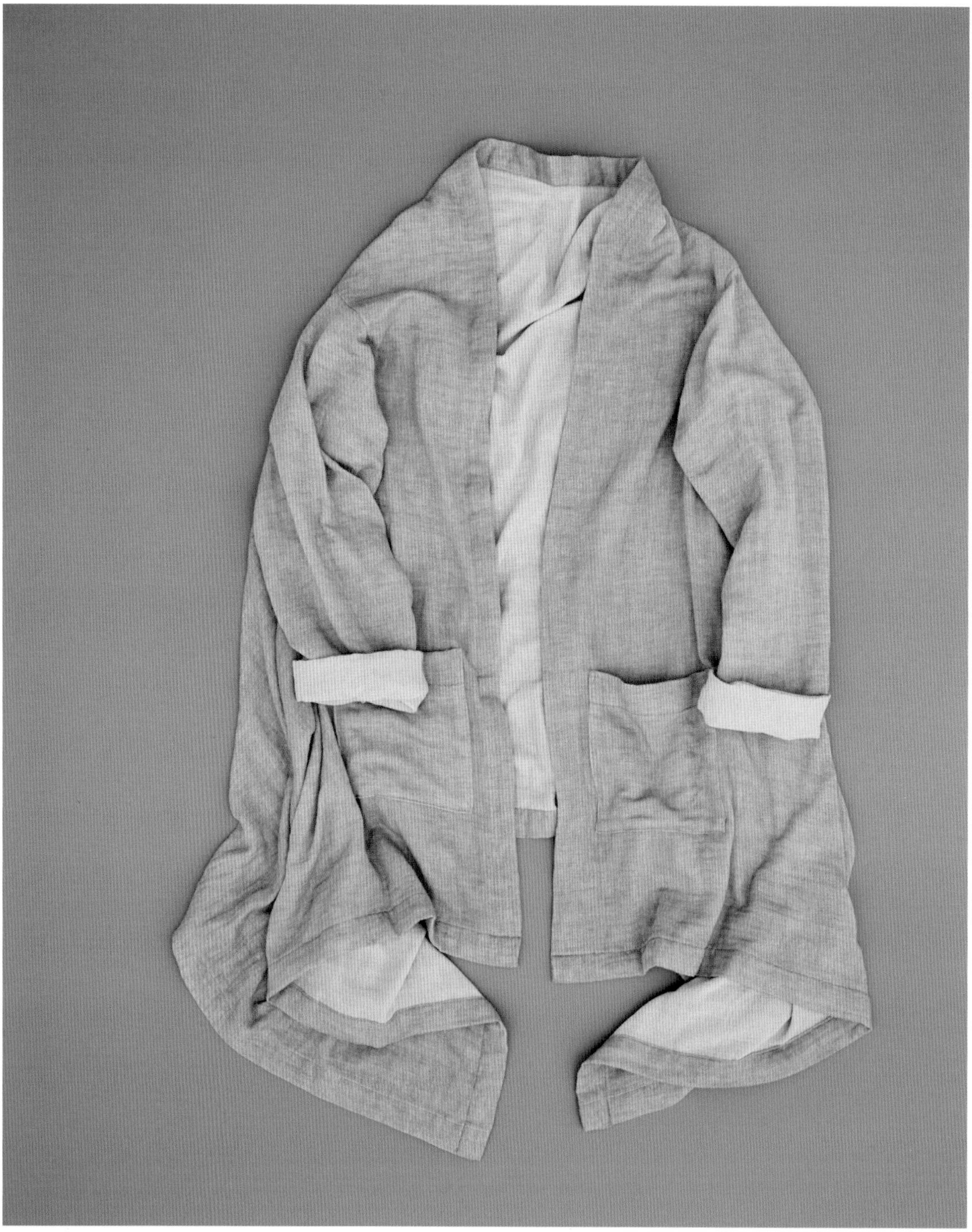

E-a

드레이프 재킷

how to make ▶ p.92

부드러운 감촉의 더블거즈 소재로 만든 심플한 드레이프 재킷은 얇고 가벼우면서도 주름이 잘 생기지 않기 때문에 외출 시 편하게 걸치기 좋은 아이템입니다. 내추럴한 스타일의 연한 그레이 컬러로 만드는 것을 추천합니다.

E-b

울 드레이프 재킷

how to make ▶ p.94

차분한 분위기의 체크 무늬
울 소재로 만든 드레이프 재
킷입니다. 허리벨트는 폭이 넓
은 면테이프를 그대로 사용했
습니다. 어깨에 숄을 두른 듯
한 느낌으로 입을 수 있는 아
이템으로 매니시한 스타일과
잘 어울립니다.

E-c

레이스 숏재킷

how to make ▶ p.95

앞에서 뒤로 갈수록 길어지는
둥근 밑단이 자연스럽게 드레
이프 되는 레이스 숏재킷은 밑
단과 소매 끝에 레이스를 달
아 단정하고 여성스러운 느낌
으로 완성했습니다. 깔끔한 실
루엣의 팬츠와 함께 입기 좋
은 아이템입니다.

책 속 아이템들을 이용한 다양한 스타일링

다양하게 레이어드할 수 있는 여유 있는 실루엣의 아이템들을 소개합니다. 발랄한 느낌의 캐미솔에서 여성스러운 실루엣의 드레이프 재킷까지 다양한 아이템들을 소개하고 있으니 여러가지 스타일로 연출해보세요.

D CAMISOLE
E & GOUN STYLE

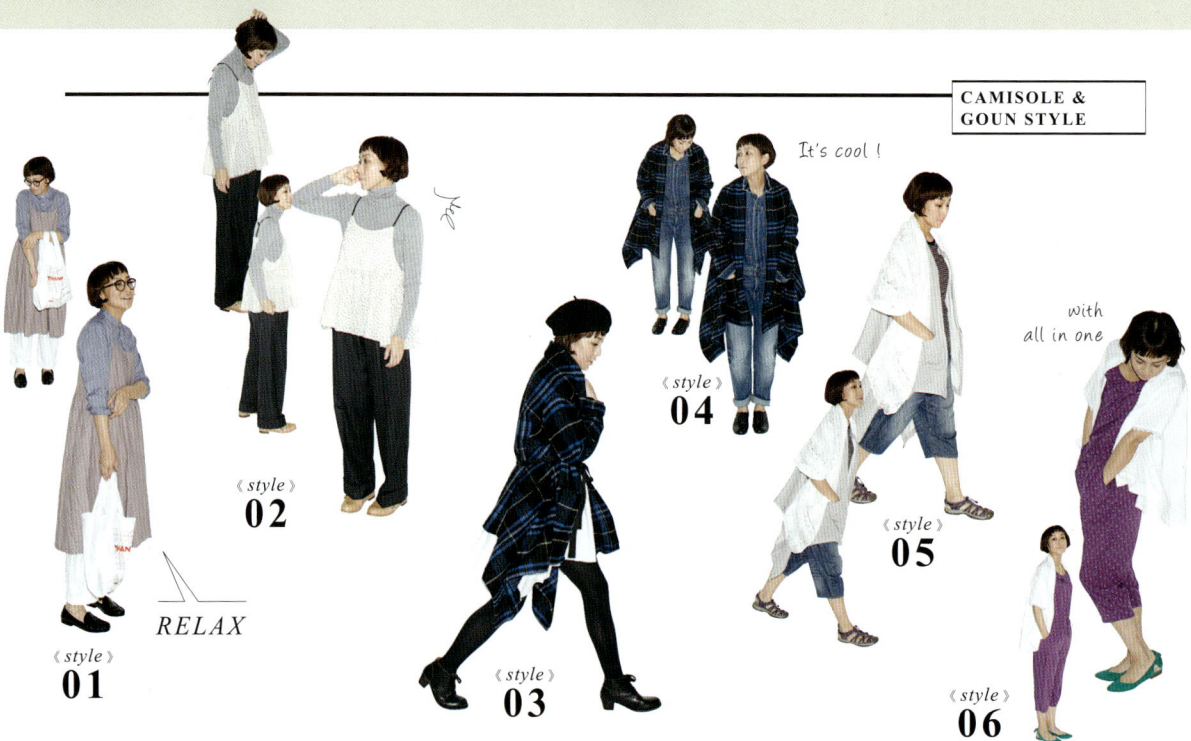

It's cool !

with all in one

RELAX

《style》 01
《style》 02
《style》 03
《style》 04
《style》 05
《style》 06

《style》 01

셔츠, 캐미솔 원피스, 세미배기 팬츠를 매치하여 차분한 스타일을 완성했습니다. 셔츠와 원피스를 파스텔 컬러로 통일하면 부드러운 이미지가 연출됩니다.

《style》 02

터틀넥 니트와 캐미솔 블라우스에 매니시한 와이드 팬츠를 매치하면 편안하고 세련된 스타일이 완성됩니다. 도트 무늬의 캐미솔이 귀여움을 한층 더해줍니다.

《style》 03

화이트 컬러의 셔츠 원피스에 체크 무늬의 드레이프 재킷을 매치하여 차분하고 여성스러운 스타일을 완성했습니다. 블랙 컬러의 베레모로 차분한 스타일에 포인트를 더해보세요.

《style》 04

빈티지한 워싱 데님 점프수트에 울 드레이프 재킷을 매치한 스타일로, 바지 밑단을 롤업하여 발랄한 느낌을 더했습니다.

《style》 05

데님 배기 팬츠와 드레이프 재킷을 매치하고, 그 위에 레이스 스톨을 걸쳐 세련된 스타일을 완성했습니다. 오버 사이즈의 여유 있는 실루엣이 편안한 느낌을 줍니다.

《style》 06

비비드한 컬러의 점프수트에 화이트 컬러의 레이스 숏재킷을 매치했습니다. 그린 컬러의 플랫 슈즈를 더해 개성 있는 스타일을 완성해보세요.

HOW TO MAKE

KANA'S STANDARD

24 가지 아이템 만드는 방법

만들기 전에

A 상의&원피스

넉넉한 실루엣의 프리 사이즈 패턴이 수록되어 있습니다. 목둘레는 머리 사이즈보다 크게 만들어져 있기 때문에 패턴 수정이 따로 필요하지 않습니다. 옷의 길이는 가지고 있는 옷 중에서 비슷한 스타일의 옷을 참고하여 원하는 길이로 만들어 주세요. 벨트와 리본으로 허리를 여미는 경우, 옷의 길이가 짧아지는 점을 참고하여 제작해주세요.

B 팬츠

팬츠는 7, 9, 11, 13호의 4가지 사이즈로 수록되어 있습니다. 패턴의 허리둘레 최대 사이즈보다 착용자의 엉덩이둘레가 큰 경우에는 옷을 입을 수 없기 때문에, 엉덩이둘레에 맞춰 패턴의 사이즈를 결정합니다.

C 스커트

앞허리벨트의 패턴만 7, 9, 11, 13호의 4가지 사이즈로 수록되어 있습니다. 팬츠와 같이 패턴의 허리둘레 최대 사이즈보다 착용자의 엉덩이둘레가 큰 경우에는 옷을 입을 수 없기 때문에, 엉덩이둘레에 맞춰 패턴의 사이즈를 결정합니다.

D 캐미솔

프리 사이즈의 패턴이 수록되어 있습니다. 완성 사이즈의 가슴둘레(97cm)보다 크게 만들고 싶은 경우에는 앞·뒤중심과 옆선에 원하는 치수를 더해 선을 새로 그려서 제도합니다. 반대로 줄이고 싶은 경우에는 앞·뒤중심과 옆선에서 줄이고자 하는 치수만큼 패턴을 잘라냅니다. 참고로 사이즈를 늘린 경우, 재단 배치도와 원단의 요척이 달라지는 경우도 있습니다.

E 재킷

앞·뒤몸판은 한 가지의 사이즈로, 소매는 두 가지 사이즈로 패턴이 수록되어 있습니다.
폭이 좁은 소매와 넓은 소매 중 원하는 스타일로 골라 사용하세요.

모델은 165cm의 키에 9호 사이즈의 옷을 입는 체형입니다. 책 속에 수록된 작품은 전부 9호 사이즈의 패턴으로 제작하였습니다.

책 속의 원단 사이즈는 9호 패턴으로 배치한 재단 배치도를 표기하고 있습니다. 패턴의 사이즈가 9호보다 크거나 무늬 맞춤을 하는 경우에는 원단의 요척이 늘어날 수 있으니, 미리 확인하고 부족하지 않게 원단을 준비해주세요.

체촌 사이즈 (cm)

사이즈 명칭	7호	9호	11호	13호
가슴둘레	82	85	88	91
허리둘레	64	67	70	73
엉덩이둘레	90	93	96	99
등길이	39	39	39	39
소매길이	54	54	54	54

A-a 프릴 블라우스 ▶ p.8

재료
겉감(린넨) 110cm폭×200cm
얇은 접착심(안단용) 90cm폭×20cm

완성 사이즈
가슴둘레 145cm, 옷길이 52cm, 소매길이 23cm

재단 배치도

＊지정 이외의 시접은 1cm
▨ 는 안에 접착심을 붙인다

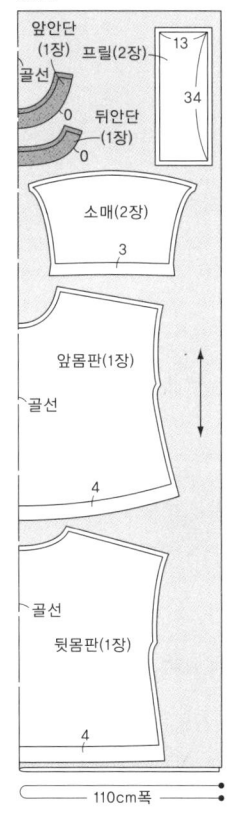

앞안단 (1장)
프릴(2장)
골선
뒤안단 (1장)
13
34
소매(2장)
3
앞몸판(1장)
골선
4
골선
뒷몸판(1장)
4

◀ 110cm폭 ▶

실물크기 패턴 B면

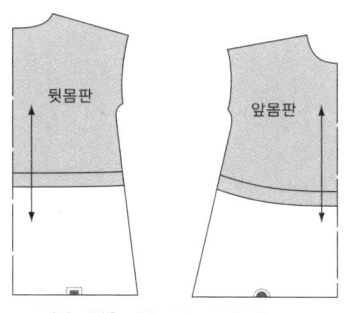

뒷몸판
앞몸판

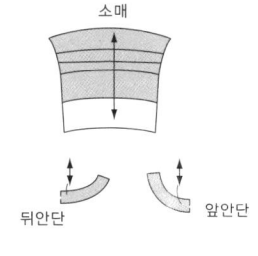

소매
뒤안단
앞안단

※프릴의 패턴은 재단 배치도의 치수를
참고하여 직접 제도합니다

만드는 방법 (1~8)

준비 : 몸판의 어깨와 옆선, 소매 아래, 소맷부리의 시접을
지그재그봉제 또는 오버록 처리한다

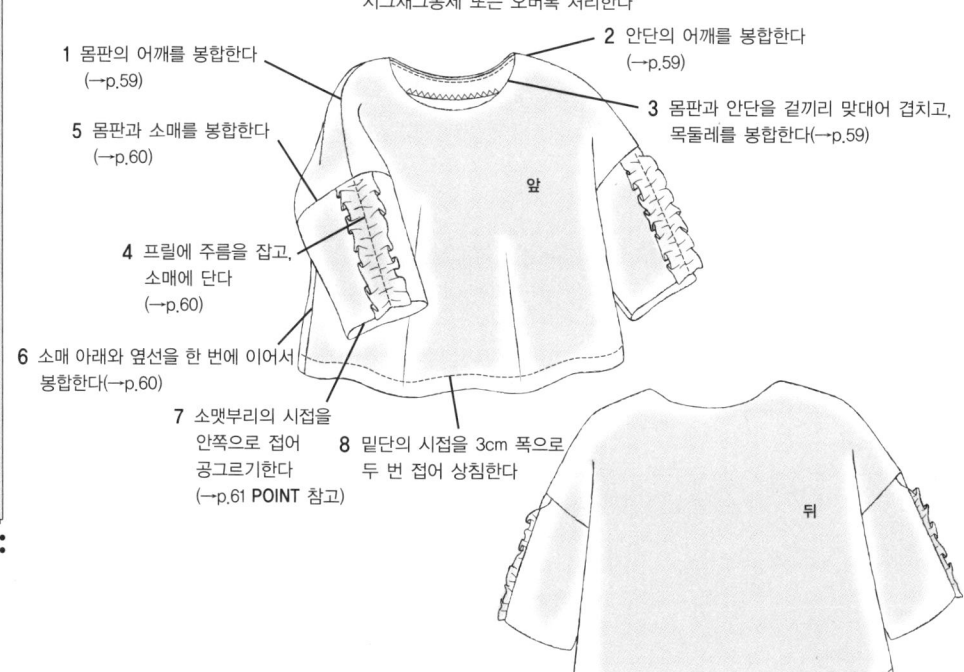

1 몸판의 어깨를 봉합한다
(→p.59)

2 안단의 어깨를 봉합한다
(→p.59)

5 몸판과 소매를 봉합한다
(→p.60)

3 몸판과 안단을 걸끼리 맞대어 겹치고,
목둘레를 봉합한다(→p.59)

4 프릴에 주름을 잡고,
소매에 단다
(→p.60)

6 소매 아래와 옆선을 한 번에 이어서
봉합한다(→p.60)

7 소맷부리의 시접을
안쪽으로 접어
공그르기한다
(→p.61 POINT 참고)

8 밑단의 시접을 3cm 폭으로
두 번 접어 상침한다

앞
뒤

❗ POINT
옷을 만들기 전에

● 원단을 고른다
옷 만들기가 처음이라면 다루기 쉽고 원단 끝이 잘 풀리지 않는, 조금 두꺼운 두께의 원단을 추천합니다. 부드러운 린넨이나 코튼은 덩거리로, 얇은 데님이나 깅엄, 울은 플란넬 또는 트위드 원단으로 시작해보세요. 작은 무늬의 원단은 무늬 맞춤을 하지 않아도 되지만, 큰 무늬의 원단들은 옆선에서 무늬를 맞춰 만들어 주세요.

● 원단 폭을 확인한다
원단은 소재나 종류에 따라 90cm부터 110~120cm, 142~150cm 등 다양한 폭으로 나와 있습니다. 만드는 방법 페이지에 기재된 원단 폭보다 사용할 원단의 폭이 좁은 경우에는 패턴의 배치가 바뀌면서 필요량이 늘어날 수 있으니, 원단 폭에 맞춰 미리 패턴을 배치해보고 구매하는 것을 추천합니다.

● 재료를 한꺼번에 준비한다
옷을 만드는 도중에 작업의 흐름이 끊기지 않도록 재료에 나와 있는 접착심, 접착테이프, 고무줄 등을 원단과 함께 구입하여 미리 준비합니다.

1 몸판의 어깨를 봉합한다

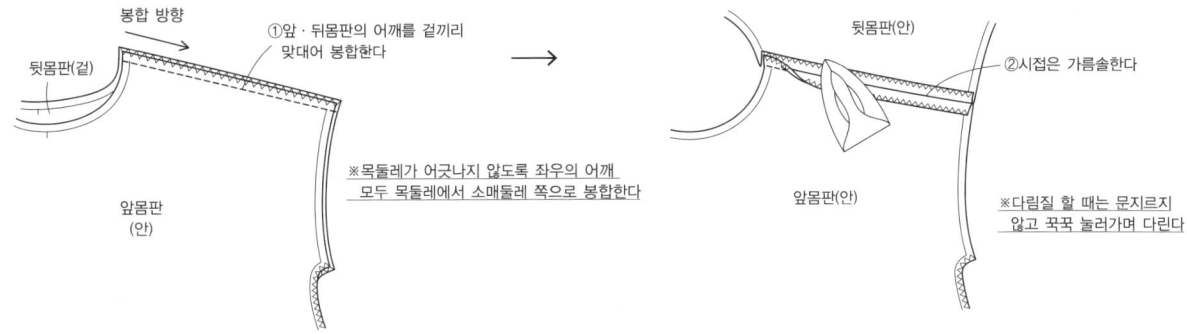

뒷몸판(겉)

봉합 방향

①앞·뒤몸판의 어깨를 겉끼리 맞대어 봉합한다

앞몸판
(안)

※목둘레가 어긋나지 않도록 좌우의 어깨 모두 목둘레에서 소매둘레 쪽으로 봉합한다

뒷몸판(안)

②시접은 가름솔한다

앞몸판(안)

※다림질 할 때는 문지르지 않고 꾹꾹 눌러가며 다린다

2 안단의 어깨를 봉합한다

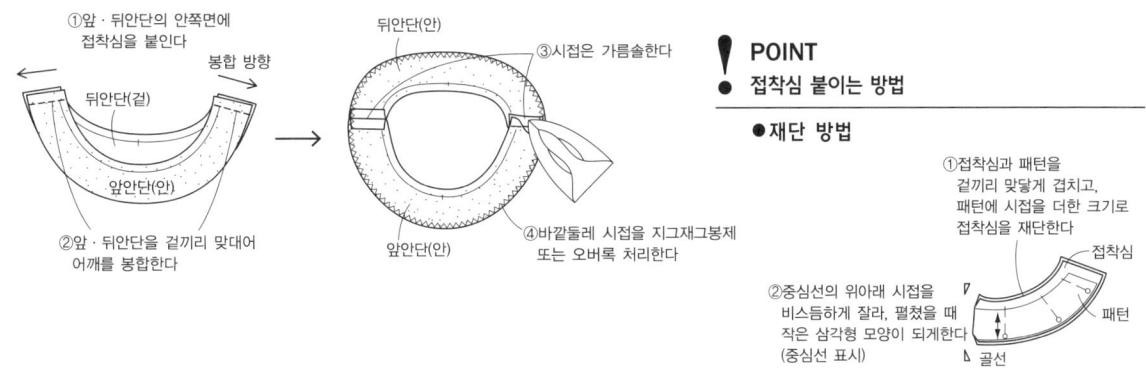

①앞·뒤안단의 안쪽면에 접착심을 붙인다

뒤안단(겉)

봉합 방향

뒤안단(안)

③시접은 가름솔한다

앞안단(안)

②앞·뒤안단을 겉끼리 맞대어 어깨를 봉합한다

앞안단(안)

④바깥둘레 시접을 지그재그봉제 또는 오버록 처리한다

! **POINT**
접착심 붙이는 방법

● **재단 방법**

①접착심과 패턴을 겉끼리 맞닿게 겹치고, 패턴에 시접을 더한 크기로 접착심을 재단한다

접착심

②중심선의 위아래 시접을 비스듬하게 잘라, 펼쳤을 때 작은 삼각형 모양이 되게한다 (중심선 표시)

패턴

골선

3 몸판과 안단을 겉끼리 맞대어 겹치고, 목둘레를 봉합한다

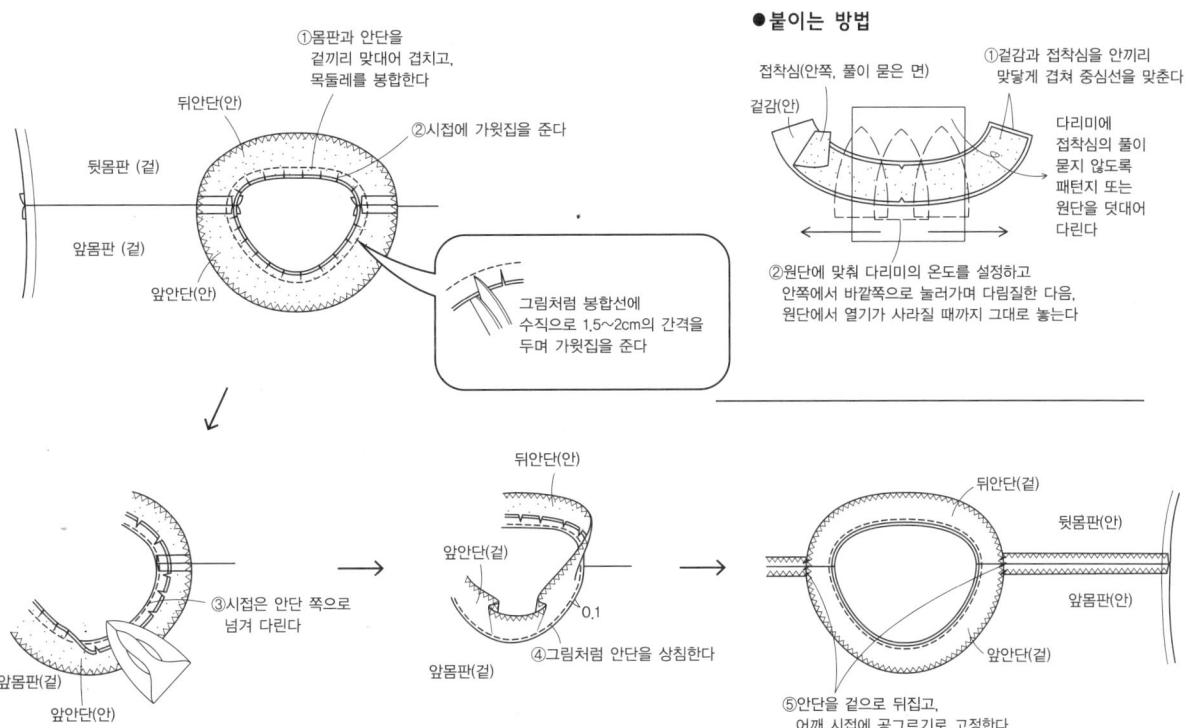

①몸판과 안단을 겉끼리 맞대어 겹치고, 목둘레를 봉합한다

뒤안단(안)

②시접에 가윗집을 준다

뒷몸판(겉)

앞몸판(겉)

앞안단(안)

그림처럼 봉합선에 수직으로 1.5~2cm의 간격을 두며 가윗집을 준다

● **붙이는 방법**

접착심(안쪽, 풀이 묻은 면)

겉감(안)

①겉감과 접착심을 안끼리 맞닿게 겹쳐 중심선을 맞춘다

다리미에 접착심의 풀이 묻지 않도록 패턴지 또는 원단을 덧대어 다린다

②원단에 맞춰 다리미의 온도를 설정하고 안쪽에서 바깥쪽으로 눌러가며 다림질한 다음, 원단에서 열기가 사라질 때까지 그대로 놓는다

③시접은 안단 쪽으로 넘겨 다린다

앞몸판(겉)

앞안단(안)

뒤안단(안)

앞안단(겉)

0,1

④그림처럼 안단을 상침한다

앞몸판(겉)

뒤안단(겉)

뒷몸판(안)

앞몸판(안)

앞안단(겉)

⑤안단을 겉으로 뒤집고, 어깨 시접에 공그르기로 고정한다

4 프릴에 주름을 잡고, 소매에 단다

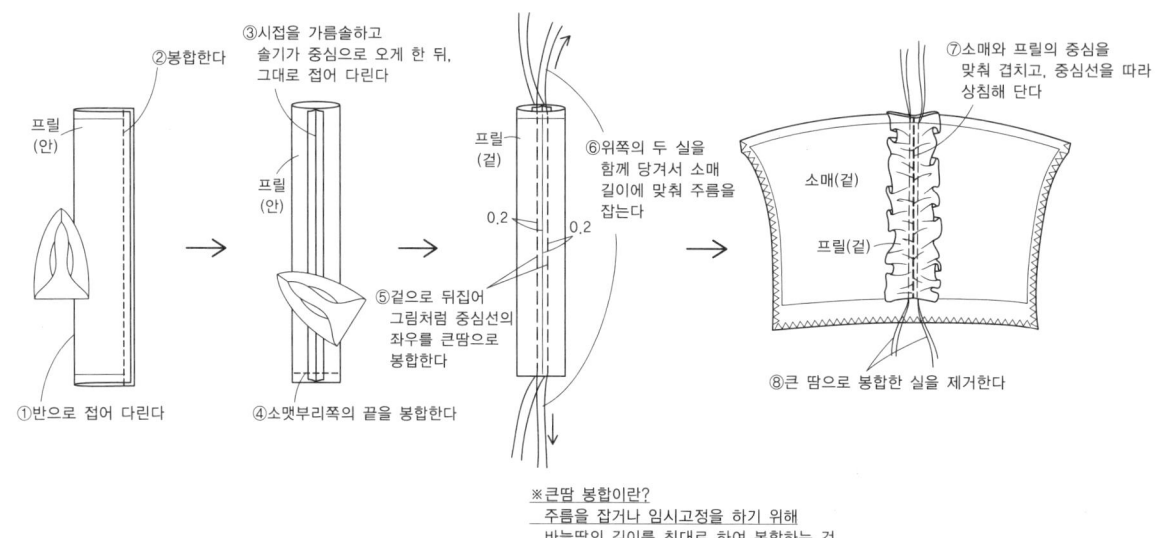

②봉합한다

프릴
(안)

①반으로 접어 다린다

③시접을 가름솔하고
솔기가 중심으로 오게 한 뒤,
그대로 접어 다린다

프릴
(안)

④소맷부리쪽의 끝을 봉합한다

⑤겉으로 뒤집어
그림처럼 중심선의
좌우를 큰땀으로
봉합한다

프릴
(겉)

0.2   0.2

⑥위쪽의 두 실을
함께 당겨서 소매
길이에 맞춰 주름을
잡는다

⑦소매와 프릴의 중심을
맞춰 겹치고, 중심선을 따라
상침해 단다

소매(겉)

프릴(겉)

⑧큰 땀으로 봉합한 실을 제거한다

※큰땀 봉합이란?
주름을 잡거나 임시고정을 하기 위해
바늘땀의 길이를 최대로 하여 봉합하는 것

5 몸판과 소매를 봉합한다

※소매를 달 때는 몸판과 소매의 곡선 둘레를
꼼꼼하게 맞춰 봉합한다. 몸판과 소매를 겉끼리
맞댄 다음, 시침핀을 꽂거나 시침질을 한 후
몸판 쪽에서 봉합한다

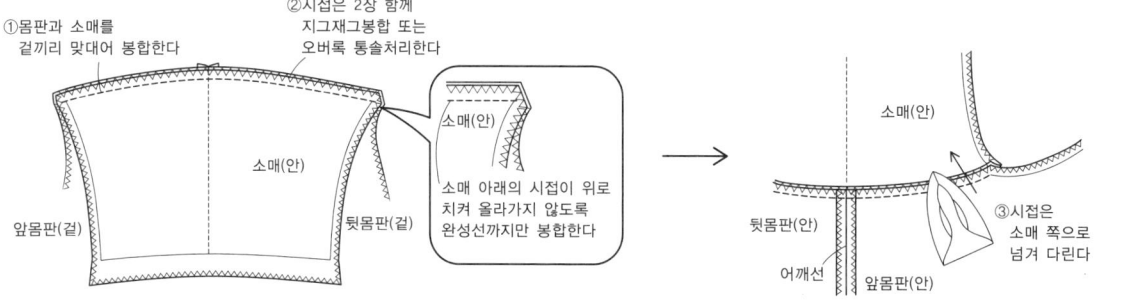

①몸판과 소매를
겉끼리 맞대어 봉합한다

②시접은 2장 함께
지그재그봉합 또는
오버록 통솔처리한다

소매(안)

앞몸판(겉)

뒷몸판(겉)

소매(안)

소매 아래의 시접이 위로
치켜 올라가지 않도록
완성선까지만 봉합한다

소매(안)

뒷몸판(안)

어깨선   앞몸판(안)

③시접은
소매 쪽으로
넘겨 다린다

6 소매 아래와 옆선을 한 번에 이어서 봉합한다

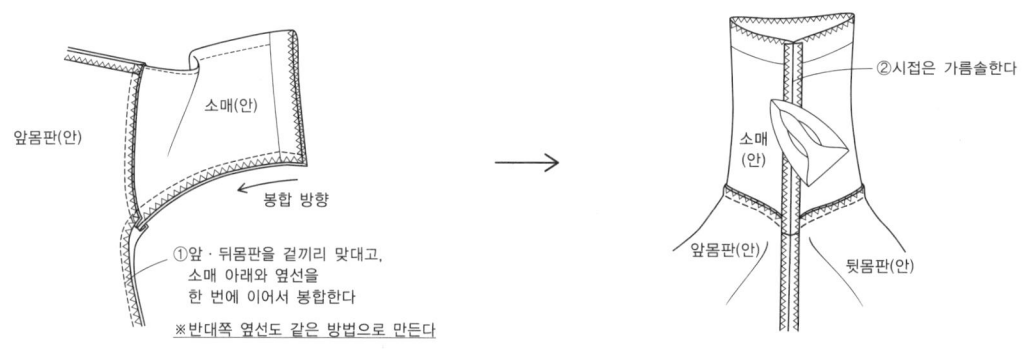

앞몸판(안)

소매(안)

봉합 방향

①앞·뒤몸판을 겉끼리 맞대고,
소매 아래와 옆선을
한 번에 이어서 봉합한다

※반대쪽 옆선도 같은 방법으로 만든다

②시접은 가름솔한다

소매
(안)

앞몸판(안)   뒷몸판(안)

A-b 튜닉 원피스 ▶ p.10

재료
겉감(린넨) 110cm폭×300cm
얇은 접착심(안단용) 90cm폭×20cm
접착테이프(앞몸판 주머니 입구용) 1.5cm폭×40cm

완성 사이즈
가슴둘레 145cm, 옷길이 98cm, 소매길이 33cm

재단 배치도

*지정 이외의 시접은 1cm
▨는 안에 접착심, 접착테이프를 붙인다

실물크기 패턴 B면

만드는 방법 (1~7)
준비 : 몸판의 어깨와 옆선, 소매 아래, 소맷부리의 시접을
지그재그봉제 또는 오버록 처리한다

3 몸판과 안단을 겉끼리 맞대어
겹치고, 목둘레를 봉합한다
(→p.59)

2 안단의 어깨를 봉합한다
(→p.59)

1 몸판의 어깨를 봉합한다
(→p.59)

4 몸판과 소매를 봉합한다
(→p.60)

6 소맷부리의 시접을 3cm 폭으로
두 번 접어 상침한다

5 소매 아래와 옆선을
한 번에 이어서 봉합하고,
주머니를 만든다
(→p.60 + p.63)

7 밑단의 시접을 두 번 접어
상침한다

❗ POINT
밑단과 소맷부리를 마무리하는 방법

● **오버록 처리 후
한 번 접어 상침**
쉽고 간단하게
정리할 때
①원단 끝을 지그재그봉제
또는 오버록 처리한다
②상침 (안)

● **오버록 처리 후 감침질**
바늘땀이 보이지 않게
정리할 때
①원단 끝을 지그재그봉제
또는 오버록 처리한다
조금만 들어올린다
0.8
②시침질
③시접의 끝을 젖혀
감침질한다
(안)

● **두 번 접어 상침**
원단 끝을 깔끔하게
정리할 때
①두 번 접어 다린다
②상침 (안)

● **인터록**
얇은 원단의 끝을 빠르고
깔끔하게 정리할 때
원단 끝을 얇게 한 번 접고,
그 끝을 인터록 처리한다
(안)

A-c 롤업 원피스 ▶ p.12

재료
겉감(린넨) 110cm폭×310cm
얇은 접착심(안단용) 90cm폭×20cm
접착테이프(앞몸판 주머니 입구용) 1.5cm폭×40cm
단추 지름2cm 2개

완성 사이즈
가슴둘레 145cm, 옷길이 101cm, 소매길이 7cm

재단 배치도

실물크기 패턴 B면

※앞덧단, 소매 롤업용 벨트의 패턴은 재단 배치도의
   치수를 참고하여 직접 제도합니다

만드는 방법 (1~9)

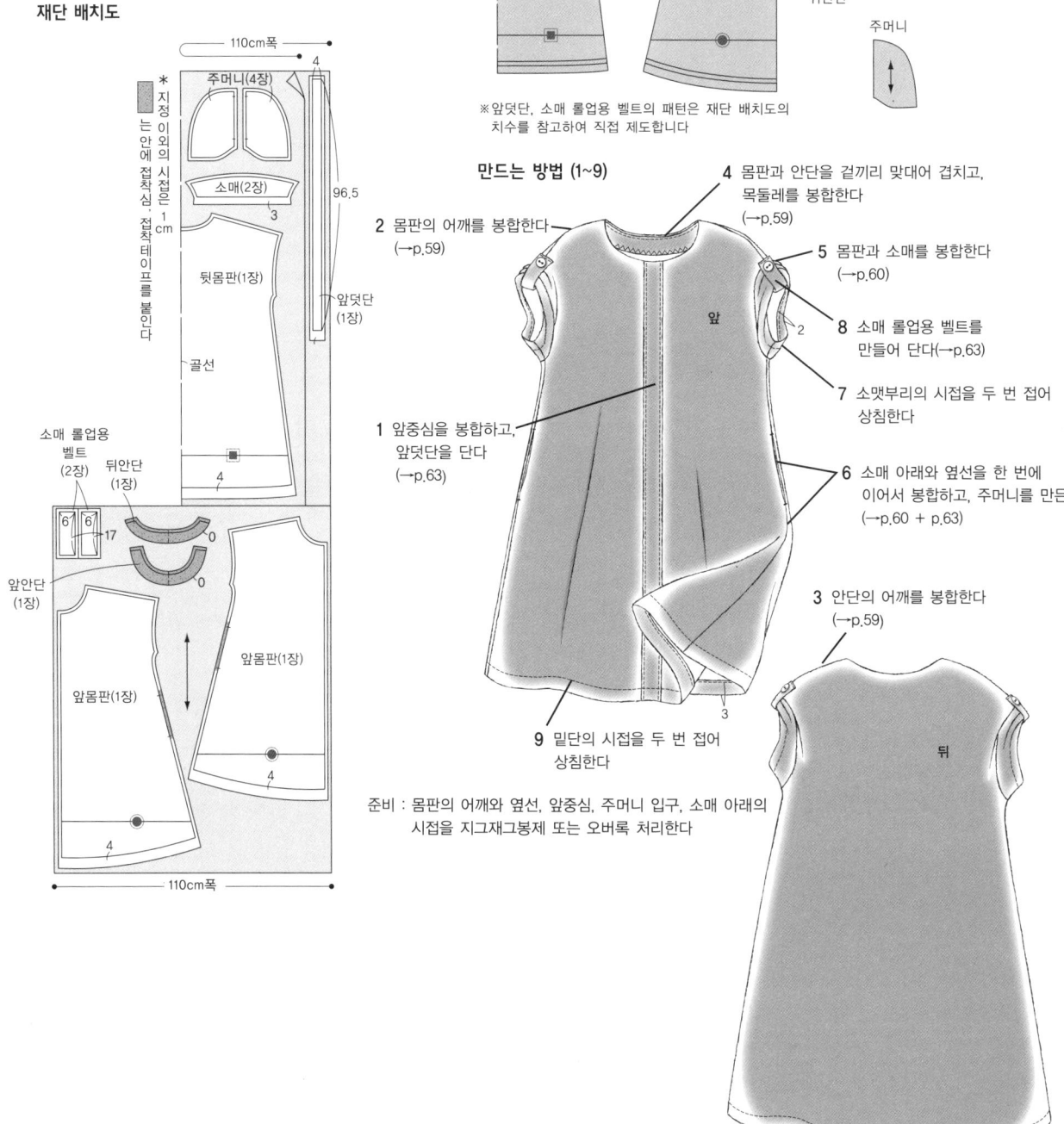

2 몸판의 어깨를 봉합한다
(→p.59)

4 몸판과 안단을 겉끼리 맞대어 겹치고,
목둘레를 봉합한다
(→p.59)

5 몸판과 소매를 봉합한다
(→p.60)

8 소매 롤업용 벨트를
만들어 단다(→p.63)

7 소맷부리의 시접을 두 번 접어
상침한다

1 앞중심을 봉합하고,
앞덧단을 단다
(→p.63)

6 소매 아래와 옆선을 한 번에
이어서 봉합하고, 주머니를 만든다
(→p.60 + p.63)

3 안단의 어깨를 봉합한다
(→p.59)

9 밑단의 시접을 두 번 접어
상침한다

준비 : 몸판의 어깨와 옆선, 앞중심, 주머니 입구, 소매 아래의
시접을 지그재그봉제 또는 오버록 처리한다

1 앞중심을 봉합하고, 앞덧단을 단다

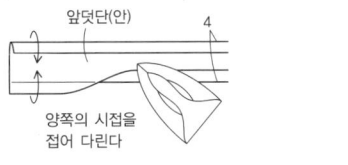

앞덧단(안)
4
양쪽의 시접을 접어 다린다

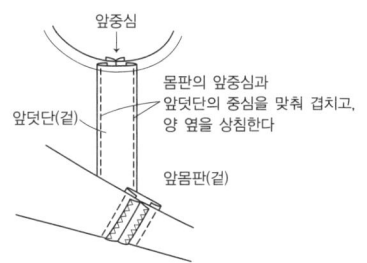

앞중심
몸판의 앞중심과 앞덧단의 중심을 맞춰 겹치고, 양 옆을 상침한다
앞덧단(겉)
앞몸판(겉)

6 소매 아래와 옆선을 한 번에 이어서 봉합하고, 주머니를 만든다

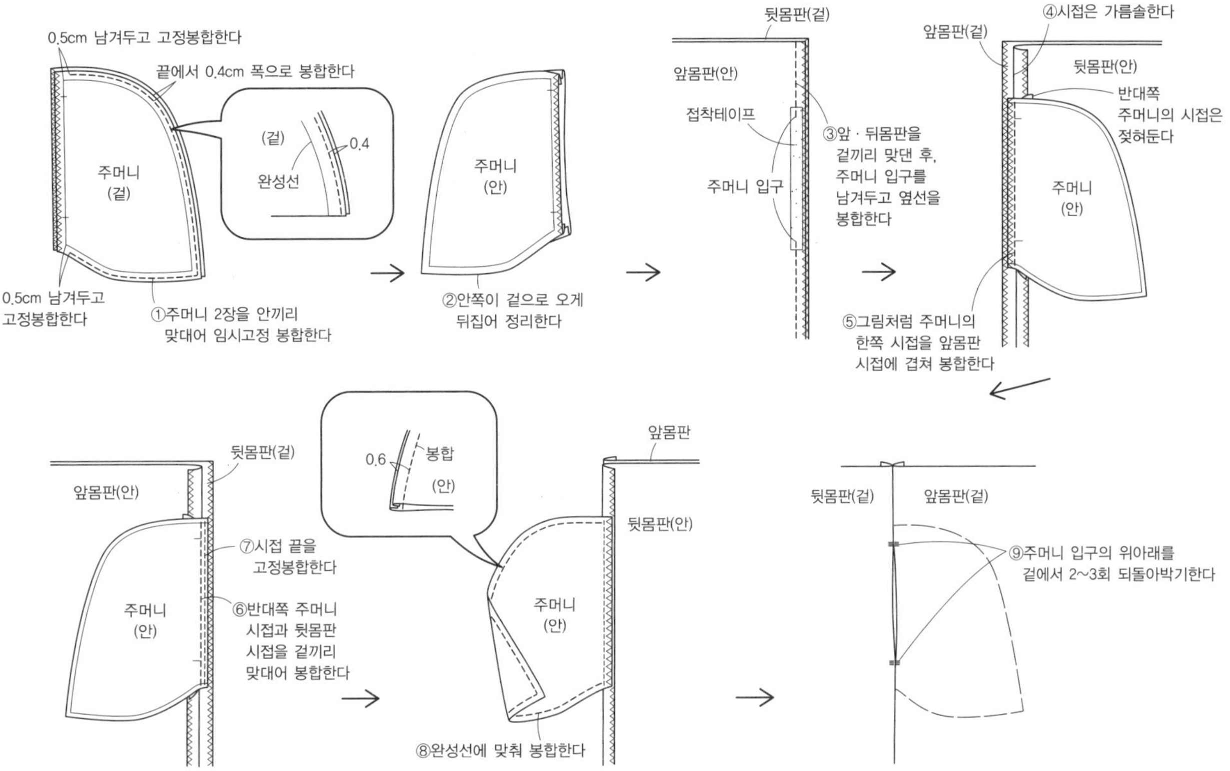

0.5cm 남겨두고 고정봉합한다
끝에서 0.4cm 폭으로 봉합한다

주머니
(겉)

(겉)
완성선
0.4

0.5cm 남겨두고 고정봉합한다
①주머니 2장을 안끼리 맞대어 임시고정 봉합한다

주머니
(안)
②안쪽이 겉으로 오게 뒤집어 정리한다

뒷몸판(겉)
앞몸판(안)
접착테이프
주머니 입구
③앞·뒤몸판을 겉끼리 맞댄 후, 주머니 입구를 남겨두고 옆선을 봉합한다

④시접은 가름솔한다
앞몸판(겉)
뒷몸판(안)
반대쪽 주머니의 시접은 젖혀둔다
주머니
(안)
⑤그림처럼 주머니의 한쪽 시접을 앞몸판 시접에 겹쳐 봉합한다

뒷몸판(겉)
앞몸판(안)
⑦시접 끝을 고정봉합한다
주머니
(안)
⑥반대쪽 주머니 시접과 뒷몸판 시접을 겉끼리 맞대어 봉합한다

0.6
봉합
(안)

앞몸판
뒷몸판(안)
주머니
(안)
⑧완성선에 맞춰 봉합한다

뒷몸판(겉)
앞몸판(겉)
⑨주머니 입구의 위아래를 겉에서 2~3회 되돌아박기한다

8 소매 롤업용 벨트를 만들어 단다

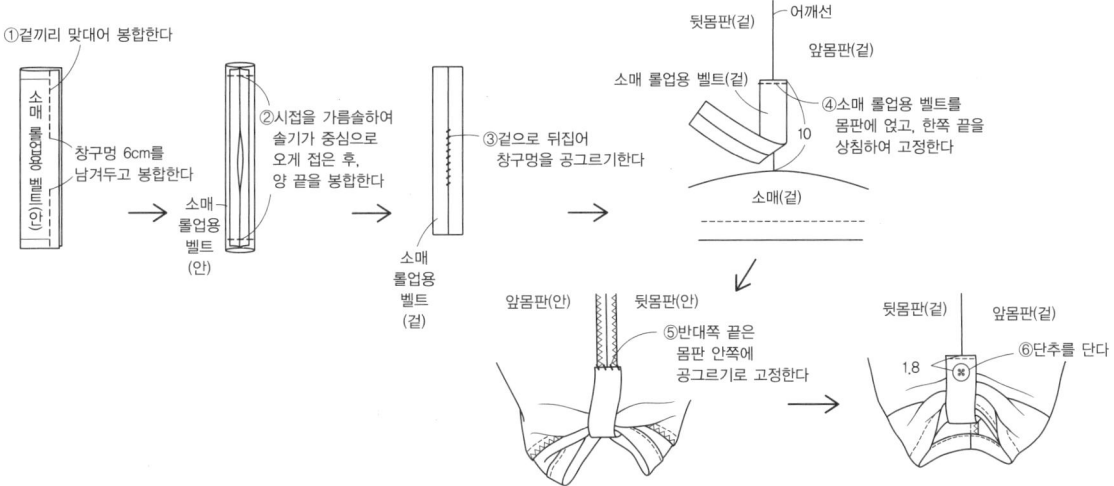

①겉끼리 맞대어 봉합한다
소매 롤업용 벨트(안)
창구멍 6cm를 남겨두고 봉합한다

②시접을 가름솔하여 솔기가 중심으로 오게 접은 후, 양 끝을 봉합한다
소매 롤업용 벨트(겉)

③겉으로 뒤집어 창구멍을 공그르기한다
소매 롤업용 벨트(겉)

뒷몸판(겉)
어깨선
앞몸판(겉)
소매 롤업용 벨트(겉)
④소매 롤업용 벨트를 몸판에 얹고, 한쪽 끝을 상침하여 고정한다
10
소매(겉)

앞몸판(안)
뒷몸판(안)
⑤반대쪽 끝은 몸판 안쪽에 공그르기로 고정한다

뒷몸판(겉)
앞몸판(겉)
1.8
⑥단추를 단다

A-e 레이스 블라우스 ▶ p.15

재료
겉감(린넨) 110cm폭×150cm
얇은 접착심(안단용) 90cm폭×20cm
파이핑테이프(목둘레용) 1cm폭×70cm
레이스 7cm폭×240cm

완성 사이즈
가슴둘레 145cm,
옷길이(밑단의 레이스 제외) 47cm,
소매길이 14cm

재단 배치도

실물크기 패턴 B면

만드는 방법 (1~7)
준비 : 몸판의 어깨와 옆선, 소매 아래의 시접을
지그재그봉제 또는 오버록 처리한다

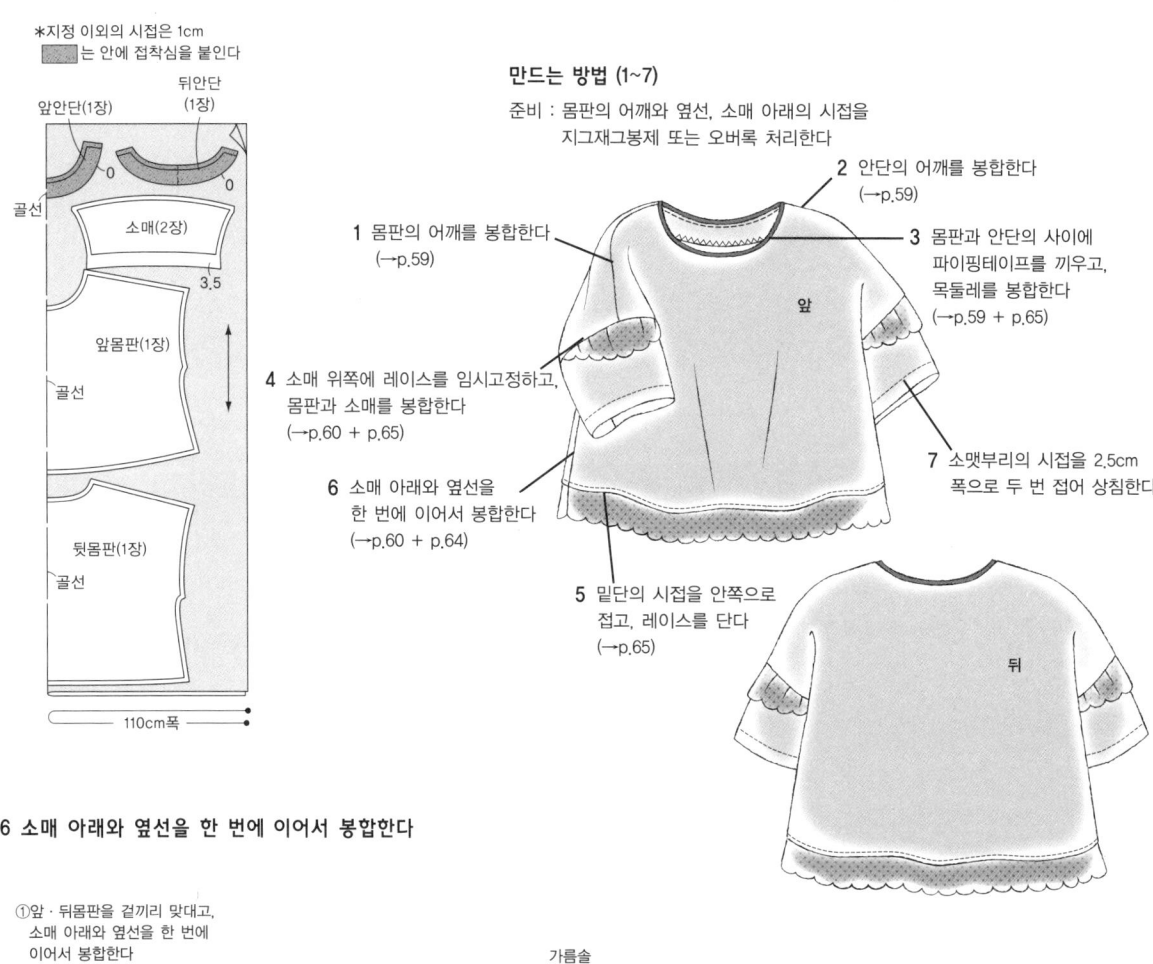

6 소매 아래와 옆선을 한 번에 이어서 봉합한다

3 몸판과 안단의 사이에 파이핑테이프를 끼우고, 목둘레를 봉합한다

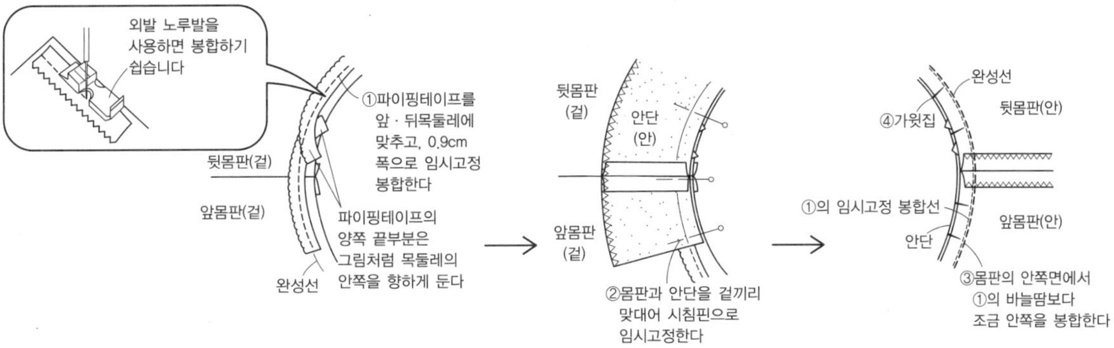

외발 노루발을 사용하면 봉합하기 쉽습니다

뒷몸판(겉)
앞몸판(겉)
완성선

①파이핑테이프를 앞·뒤목둘레에 맞추고, 0.9cm 폭으로 임시고정 봉합한다

파이핑테이프의 양쪽 끝부분은 그림처럼 목둘레의 안쪽을 향하게 둔다

뒷몸판(겉)
안단(안)
앞몸판(겉)

②몸판과 안단을 겉끼리 맞대어 시침핀으로 임시고정한다

완성선
뒷몸판(안)
④가윗집
①의 임시고정 봉합선
안단
앞몸판(안)

③몸판의 안쪽면에서 ①의 바늘땀보다 조금 안쪽을 봉합한다

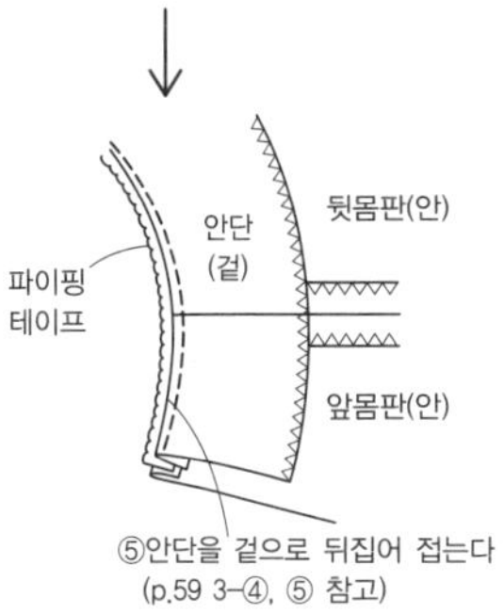

안단(겉)
뒷몸판(안)
파이핑테이프
앞몸판(안)

⑤안단을 겉으로 뒤집어 접는다
(p.59 3–④, ⑤ 참고)

4 소매 위쪽에 레이스를 임시고정하고, 몸판과 소매를 봉합한다

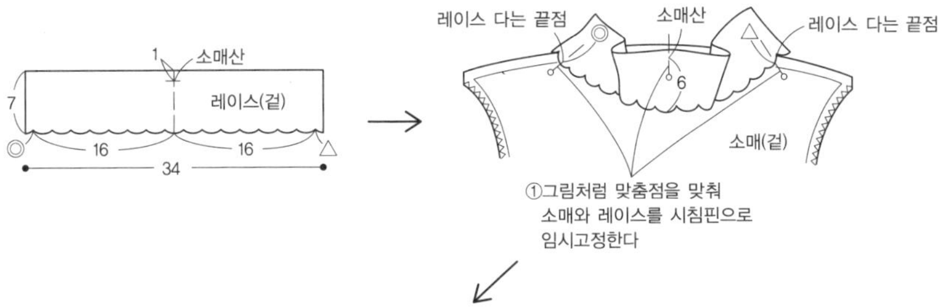

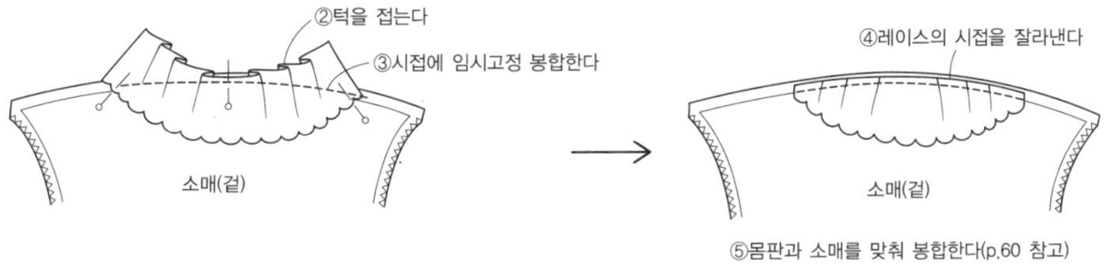

1
소매산
7
레이스(겉)
◎ 16 16 △
34

레이스 다는 끝점
소매산
레이스 다는 끝점
6
소매(겉)

①그림처럼 맞춤점을 맞춰 소매와 레이스를 시침핀으로 임시고정한다

②턱을 접는다
③시접에 임시고정 봉합한다
소매(겉)

④레이스의 시접을 잘라낸다
소매(겉)

⑤몸판과 소매를 맞춰 봉합한다(p.60 참고)

5 밑단의 시접을 안쪽으로 접고, 레이스를 단다

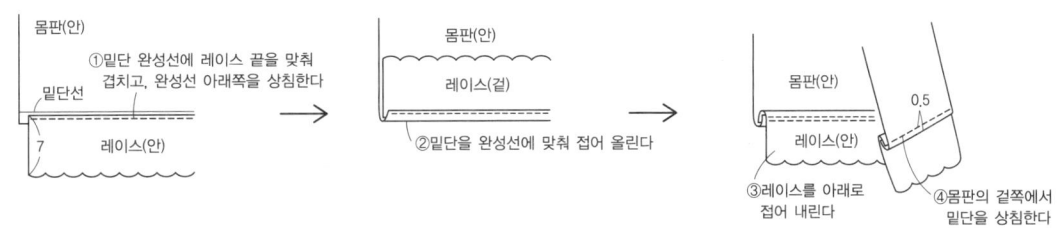

몸판(안)
밑단선
7
레이스(안)

①밑단 완성선에 레이스 끝을 맞춰 겹치고, 완성선 아래쪽을 상침한다

몸판(안)
레이스(겉)

②밑단을 완성선에 맞춰 접어 올린다

몸판(안)
0.5
레이스(안)

③레이스를 아래로 접어 내린다
④몸판의 겉쪽에서 밑단을 상침한다

A-d 개더 원피스 ▶ p.14

재료
겉감(코튼) 110cm폭×250cm
배색천(얇은 코튼) 15×20cm폭
얇은 접착심(안단용) 90cm폭×20cm
접착테이프(앞몸판 주머니 입구용) 1.5cm폭×40cm
리본 0.8cm폭 180cm

완성 사이즈
가슴둘레 145cm, 옷길이 96cm

재단 배치도

＊지정 이외의 시접은 1cm
⬛는 안에 접착심, 접착테이프를 붙인다

실물크기 패턴 B면

※리본 통로천의 패턴은 재단 배치도의 치수를
참고하여 직접 제도합니다

만드는 방법 (1~7)
준비 : 몸판의 어깨와 옆선, 주머니 입구 시접을
지그재그봉제 또는 오버록 처리한다

1 몸판의 어깨를 봉합한다
(→p.59)

2 안단의 어깨를 봉합한다
(→p.59)

3 몸판과 안단을 겉끼리 맞대어
겹치고, 목둘레를 봉합한다
(→p.59)

4 소매의 밑단 시접을
두 번 접어 상침한다

5 어깨에 리본 통로천을
달고, 리본을 통과시킨다
(→p.66)

6 옆선을 봉합하고,
주머니를 만든다
(→p.63)

7 밑단의 시접을
두 번 접어 상침한다

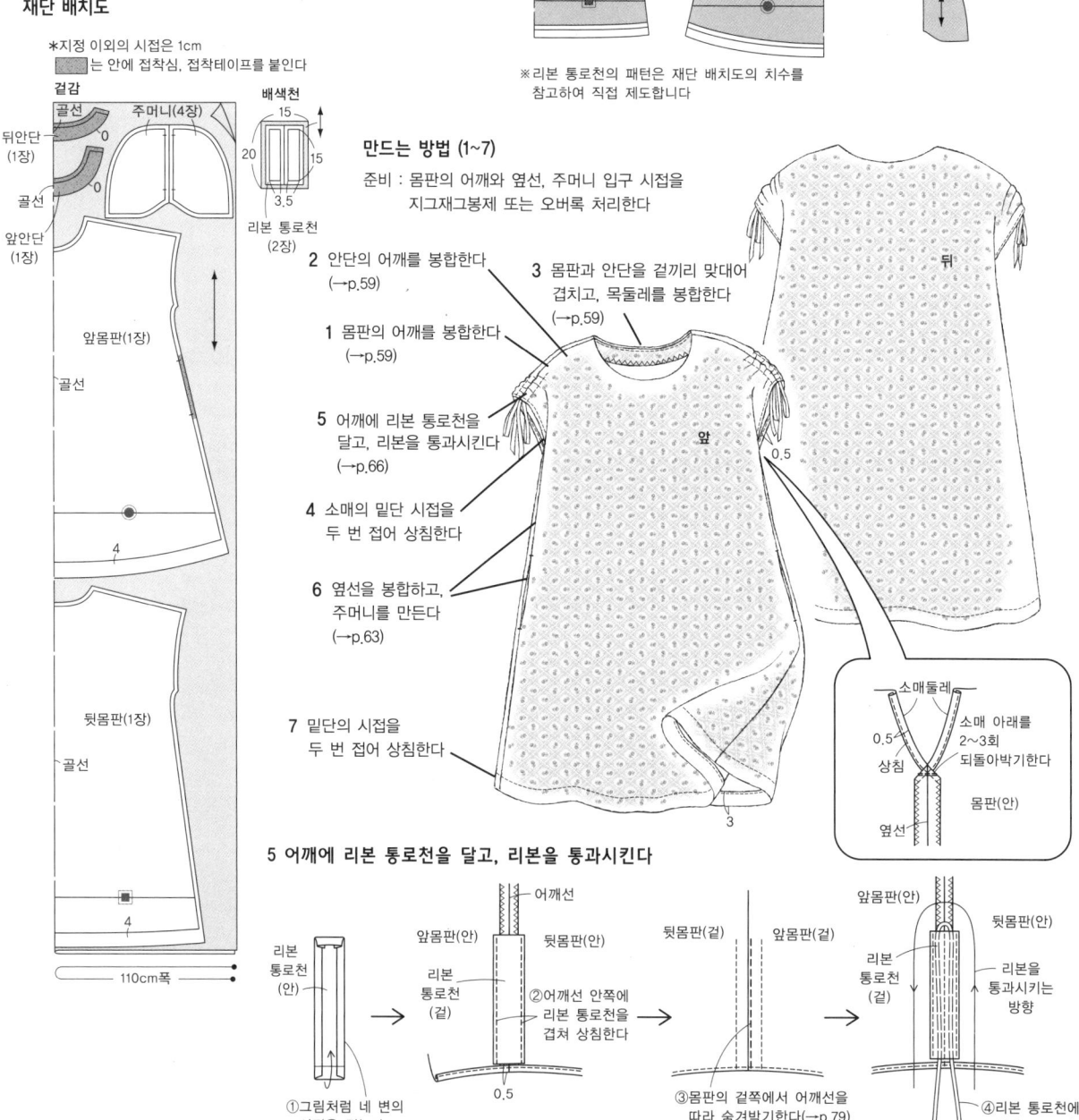

5 어깨에 리본 통로천을 달고, 리본을 통과시킨다

①그림처럼 네 변의 시접을 접는다

②어깨선 안쪽에 리본 통로천을 겹쳐 상침한다

③몸판의 겉쪽에서 어깨선을 따라 숨겨박기한다(→p.79)

④리본 통로천에 길이 90cm의 리본을 끼워 넣는다

A-f 리본 원피스 ▶ p.16

재료
겉감(라메 거즈) 112cm폭×290cm
※무늬 맞춤이 필요한 경우에는 원단을 여유 있게 준비한다
얇은 접착심(안단용) 90cm폭×20cm
접착테이프(앞몸판 주머니 입구용) 1.5cm폭×40cm

완성 사이즈
가슴둘레 145cm, 옷길이 98cm, 소매길이 11cm

재단 배치도

*지정 이외의 시접은 1cm
▨ 는 안에 접착심, 접착테이프를 붙인다

112cm폭
뒤안단(1장)
앞안단(1장)
골선
주머니(4장)
허리끈(1장)
0
0
5 5
소매(2장)
3 3
2.5
뒷몸판(1장)
골선
172
4
앞몸판(1장)
골선
4
112cm폭

실물크기 패턴 B면

뒷몸판 · 앞몸판 · 소매 · 앞안단 · 뒤안단 · 주머니

※허리끈의 패턴은 재단 배치도의 치수를
참고하여 직접 제도합니다

만드는 방법 (1~8)

준비 : 몸판의 어깨와 옆선, 주머니 입구, 소매 아래,
소맷부리의 시접을 지그재그봉제 또는 오버록 처리한다

1 몸판의 어깨를 봉합한다 (→p.59)
2 안단의 어깨를 봉합한다 (→p.59)
3 몸판과 안단을 겉끼리 맞대어 겹치고, 목둘레를 봉합한다(→p.59)
4 몸판과 소매를 봉합한다 (→p.60)
5 소매 아래와 옆선을 한 번에 이어서 봉합한다 (→p.60 + p.63)
6 소맷부리의 시접을 정리하고, 커프스를 접는다 (→p.67)
7 밑단의 시접을 두 번 접어 상침한다
8 허리끈을 만든다(→p.85)

뒤
앞
3

6 소맷부리의 시접을 정리하고, 커프스를 접는다

※커프스는 완성선에 맞춰서 미리 접어 다려두면 봉제하기 편합니다

커프스(겉)

앞몸판(안)
소맷부리 완성선 ★
소매(안)
①앞·뒷몸판을 겉끼리 맞대고, 소매 아래와 옆선을 한 번에 이어서 봉합한다

앞몸판(안)
소매(안)
2
②시접은 가름솔한다
★
③소맷부리의 시접을 접어 상침한다

★
소매(겉)
앞몸판(겉)
④커프스를 겉쪽으로 뒤집어 접는다

B-a 세미배기 팬츠 ▶ p.22

재료

겉감(린넨) 150cm폭×190cm
얇은 접착심(앞허리밴드용) 10×50cm
접착테이프(앞팬츠 주머니 입구용) 1.5cm폭×40cm
고무줄 3.5cm폭 7호 22cm / 9호 25cm /
11호 28cm / 13호 31cm

완성 사이즈(7호 / 9호 / 11호 / 13호)

허리둘레 약 65cm / 68cm / 71cm / 74cm,
허리둘레(최대) 93cm / 96cm / 99cm/ 102cm,
엉덩이둘레 111cm / 114cm / 117cm / 120cm,
팬츠길이 97cm

실물크기 패턴 A면

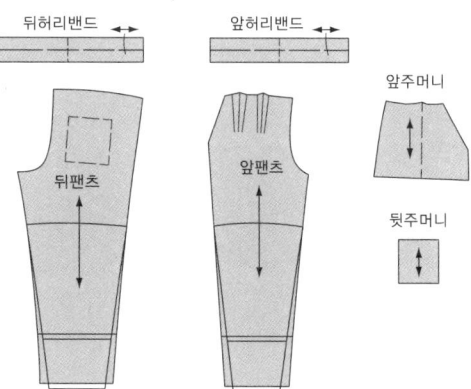

뒤허리밴드　앞허리밴드
앞주머니
뒤팬츠　앞팬츠
뒷주머니

재단 배치도

＊지정 이외의 시접은 1cm
　　는 안에 접착심, 접착테이프를 붙인다

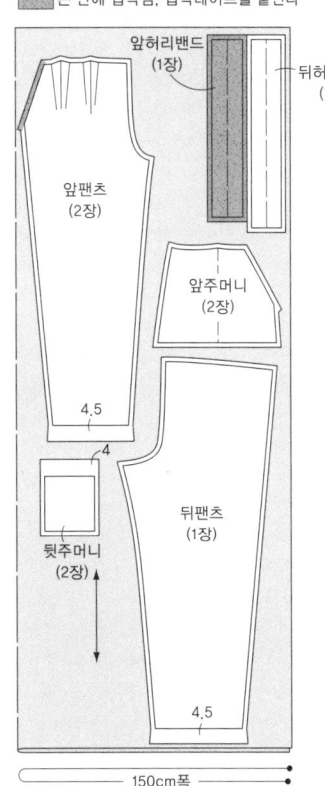

앞허리밴드 (1장)
뒤허리밴드 (1장)
앞팬츠 (2장)
앞주머니 (2장)
4.5
4
뒷주머니 (2장)
뒤팬츠 (1장)
4.5
─ 150cm폭 ─

만드는 방법 (1~9)

준비 : 밑아래의 시접을 지그재그봉제 또는 오버록 처리한다

9 팬츠와 허리밴드를
봉합하고, 고무줄을
끼워 넣는다
(→p.70 + p.79)

8 허리밴드의 옆선을 봉합한다
(→p.70)

2 앞주머니를 만든다
(→p.69)

3 턱을 접는다
(→p.69)

4 팬츠의 옆선을 봉합한다
(→p.70)

5 밑아래를 봉합한다
(→p.70)

6 밑단의 시접을 두 번 접어
상침한다(→p.70)

1 뒷주머니를
만들어 단다
(→p.69)

7 앞ㆍ뒤팬츠의 밑위를 한 번에
이어서 봉합한다(→p.70)

뒤
앞

❗ POINT
밑단은 봉합하기 전에 미리 접어 다려둔다

팬츠나 스커트의 밑단 또는 소맷부리의 시접은
봉합 후 원형인 상태가 되면 시접을 예쁘게 접을
수 없습니다. 그렇기 때문에 봉제하기 전, 평평한
상태일 때 미리 접음선을 주고 봉제하면 시접이
깔끔하게 마무리됩니다.

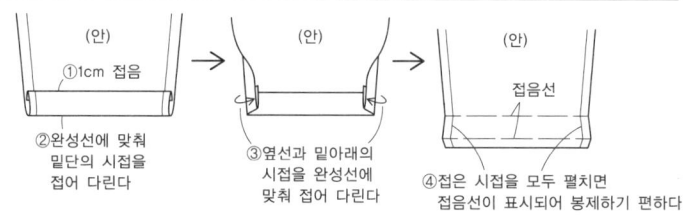

(안)
①1cm 접음
②완성선에 맞춰
밑단의 시접을
접어 다린다

(안)
③옆선과 밑아래의
시접을 완성선에
맞춰 접어 다린다

(안)
접음선
④접은 시접을 모두 펼치면
접음선이 표시되어 봉제하기 편하다

1 뒷주머니를 만들어 단다

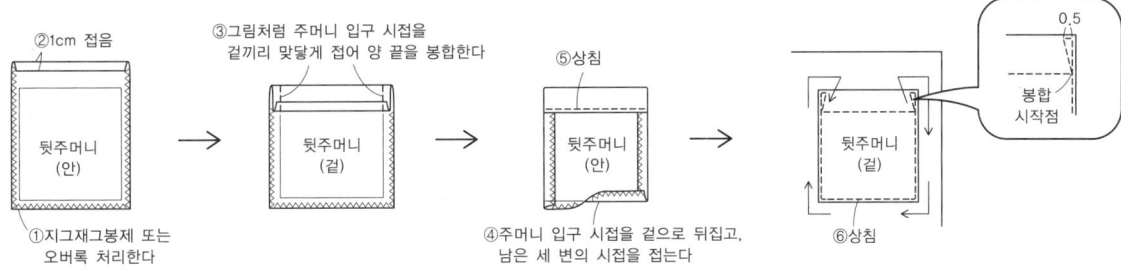

②1cm 접음

③그림처럼 주머니 입구 시접을
겉끼리 맞닿게 접어 양 끝을 봉합한다

⑤상침

0.5

뒷주머니
(안)

뒷주머니
(겉)

뒷주머니
(안)

뒷주머니
(겉)

봉합
시작점

①지그재그봉제 또는
오버록 처리한다

④주머니 입구 시접을 겉으로 뒤집고,
남은 세 변의 시접을 접는다

⑥상침

2 앞주머니를 만든다(오른쪽 앞주머니 봉합 방법)

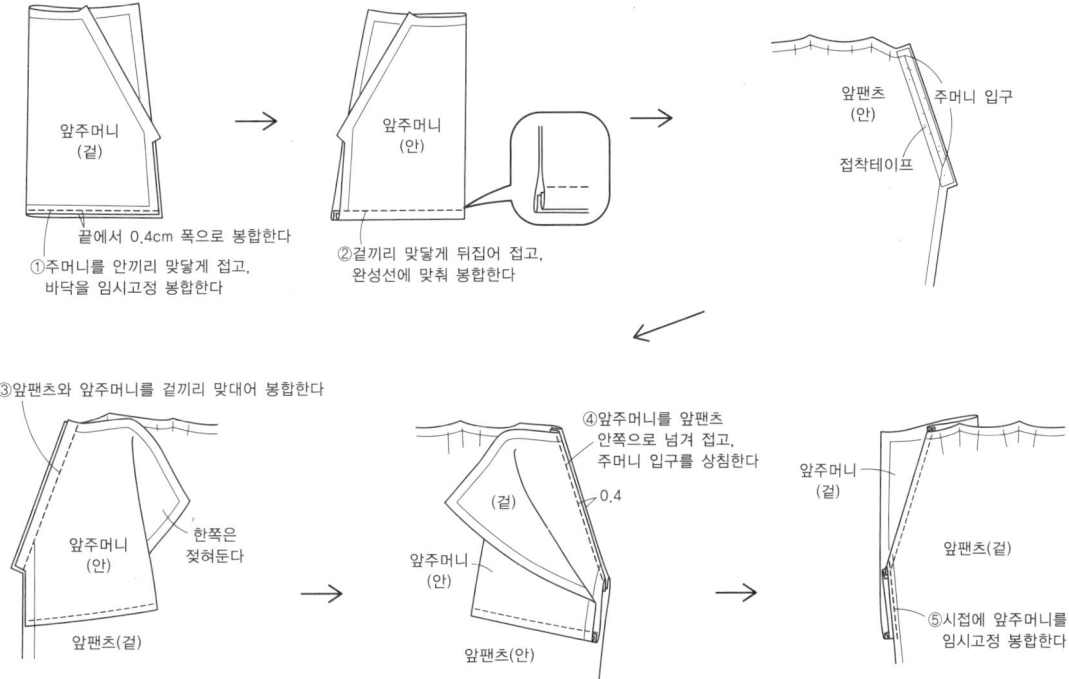

앞주머니
(겉)

앞주머니
(안)

앞팬츠
(안)

주머니 입구

접착테이프

끝에서 0.4cm 폭으로 봉합한다

①주머니를 안끼리 맞닿게 접고,
바닥을 임시고정 봉합한다

②겉끼리 맞닿게 뒤집어 접고,
완성선에 맞춰 봉합한다

③앞팬츠와 앞주머니를 겉끼리 맞대어 봉합한다

④앞주머니를 앞팬츠
안쪽으로 넘겨 접고,
주머니 입구를 상침한다

앞주머니
(겉)

한쪽은
젖혀둔다

앞주머니
(안)

(겉)

0.4

앞주머니
(안)

앞팬츠(겉)

앞팬츠(겉)

앞팬츠(안)

⑤시접에 앞주머니를
임시고정 봉합한다

3 턱을 접는다

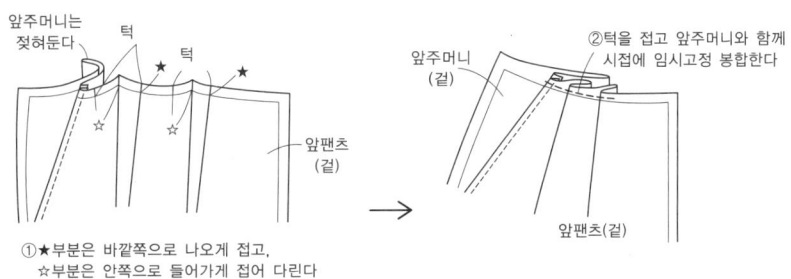

앞주머니는
젖혀둔다

턱

턱

★

★

②턱을 접고 앞주머니와 함께
시접에 임시고정 봉합한다

앞주머니
(겉)

앞팬츠
(겉)

앞팬츠(겉)

①★부분은 바깥쪽으로 나오게 접고,
☆부분은 안쪽으로 들어가게 접어 다린다

4 팬츠의 옆선을 봉합한다
5 밑아래를 봉합한다

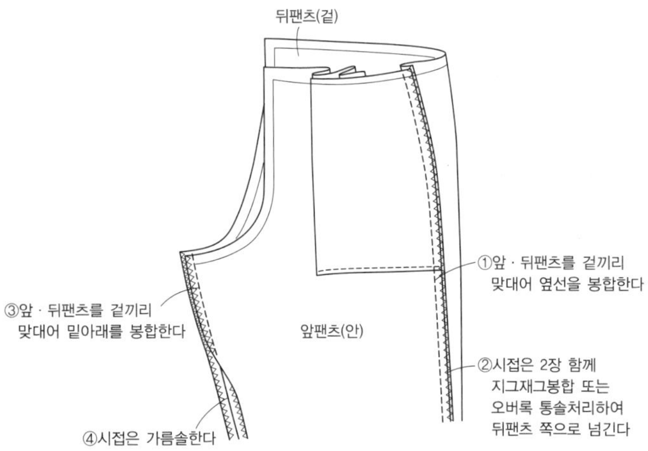

뒤팬츠(겉)

①앞·뒤팬츠를 겉끼리
맞대어 옆선을 봉합한다

③앞·뒤팬츠를 겉끼리
맞대어 밑아래를 봉합한다

앞팬츠(안)

②시접은 2장 함께
지그재그봉합 또는
오버록 통솔처리하여
뒤팬츠 쪽으로 넘긴다

④시접은 가름솔한다

밑단은 봉합을 시작할 때
되돌아박기 하지 않고,
한 바퀴 봉합 후 봉합
시작점에서 2~3cm 겹쳐
되돌아박기한다.
이때, 봉합의 시작과 끝을
밑아래 쪽으로 하면 눈에
잘 띄지 않기 때문에
깔끔하게 완성할 수 있다

(겉) 밑아래선 봉합 시작점
옆선
2cm 겹친다
봉합 끝점

6 밑단의 시접을 두 번 접어 상침한다
7 앞·뒤팬츠의 밑위를 한 번에 이어서 봉합한다

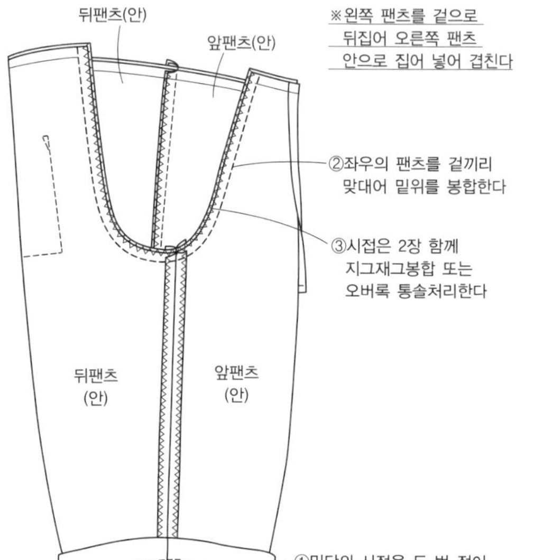

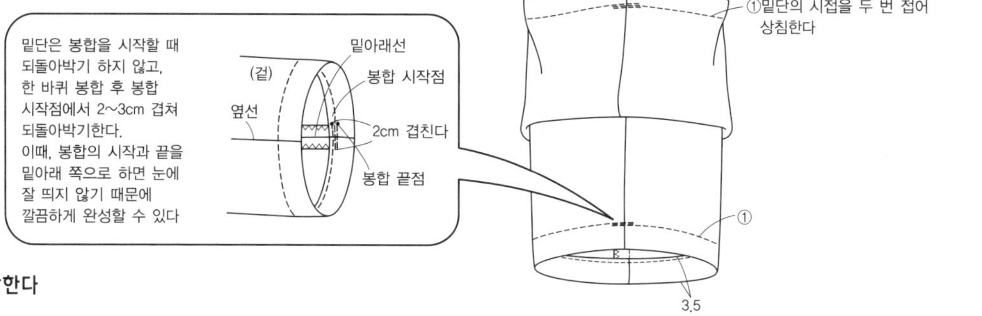

뒤팬츠(안)
앞팬츠(안)

※왼쪽 팬츠를 겉으로
뒤집어 오른쪽 팬츠
안으로 집어 넣어 겹친다

②좌우의 팬츠를 겉끼리
맞대어 밑위를 봉합한다

③시접은 2장 함께
지그재그봉합 또는
오버록 통솔처리한다

뒤팬츠
(안)

앞팬츠
(안)

①밑단의 시접을 두 번 접어
상침한다

①

3,5

8 허리밴드의 옆선을 봉합한다

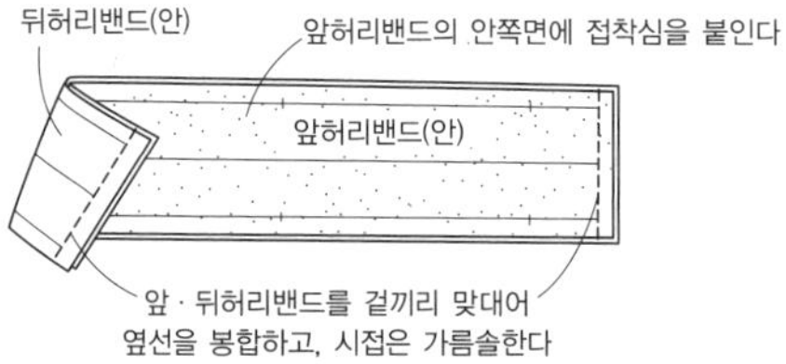

뒤허리밴드(안)
앞허리밴드의 안쪽면에 접착심을 붙인다

앞허리밴드(안)

앞·뒤허리밴드를 겉끼리 맞대어
옆선을 봉합하고, 시접은 가름솔한다

9 팬츠와 허리밴드를 봉합하고, 고무줄을 끼워 넣는다

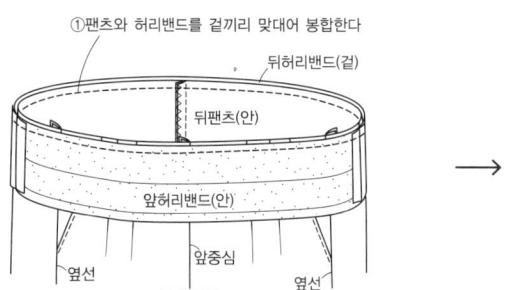

①팬츠와 허리밴드를 겉끼리 맞대어 봉합한다

뒤허리밴드(겉)

뒤팬츠(안)

앞허리밴드(안)

옆선   앞중심   옆선
앞팬츠(겉)

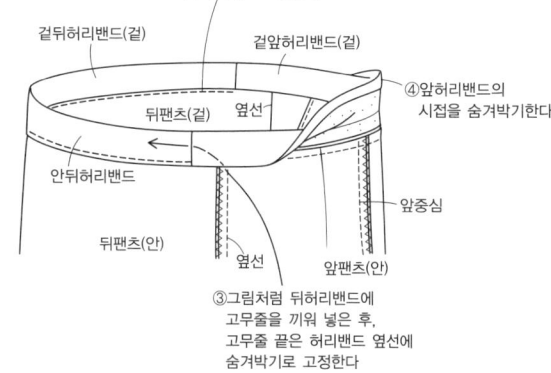

②허리밴드를 위로 올려 안끼리 맞닿게 반으로 접는다.
이때, 팬츠 안쪽으로 오는 허리밴드가 겉쪽 허리밴드보다
0.2cm 더 넓도록 시접을 접은 후, 뒤허리밴드쪽 시접만
숨겨박기로 고정한다

겉뒤허리밴드(겉)   겉앞허리밴드(겉)

뒤팬츠(겉)   옆선

④앞허리밴드의
시접을 숨겨박기한다

안뒤허리밴드

앞중심

뒤팬츠(안)

앞팬츠(안)

옆선

③그림처럼 뒤허리밴드에
고무줄을 끼워 넣은 후,
고무줄 끝을 허리밴드 옆선에
숨겨박기로 고정한다

B-b 숏팬츠 ▶ p.24

재료
겉감(린넨) 140cm폭×110cm
얇은 접착심(앞허리밴드용) 10×50cm
접착테이프(앞팬츠 주머니 입구용) 1.5cm폭×40cm
고무줄 3.5cm폭 7호 22cm / 9호 25cm /
11호 28cm / 13호 31cm

완성 사이즈(7호 / 9호 / 11호 / 13호)
허리둘레 약 65cm / 68cm / 71cm / 74cm,
허리둘레(최대) 93cm / 96cm / 99cm / 102cm,
엉덩이둘레 111cm / 114cm / 117cm / 120cm,
팬츠길이 44cm

실물크기 패턴 A면

재단 배치도

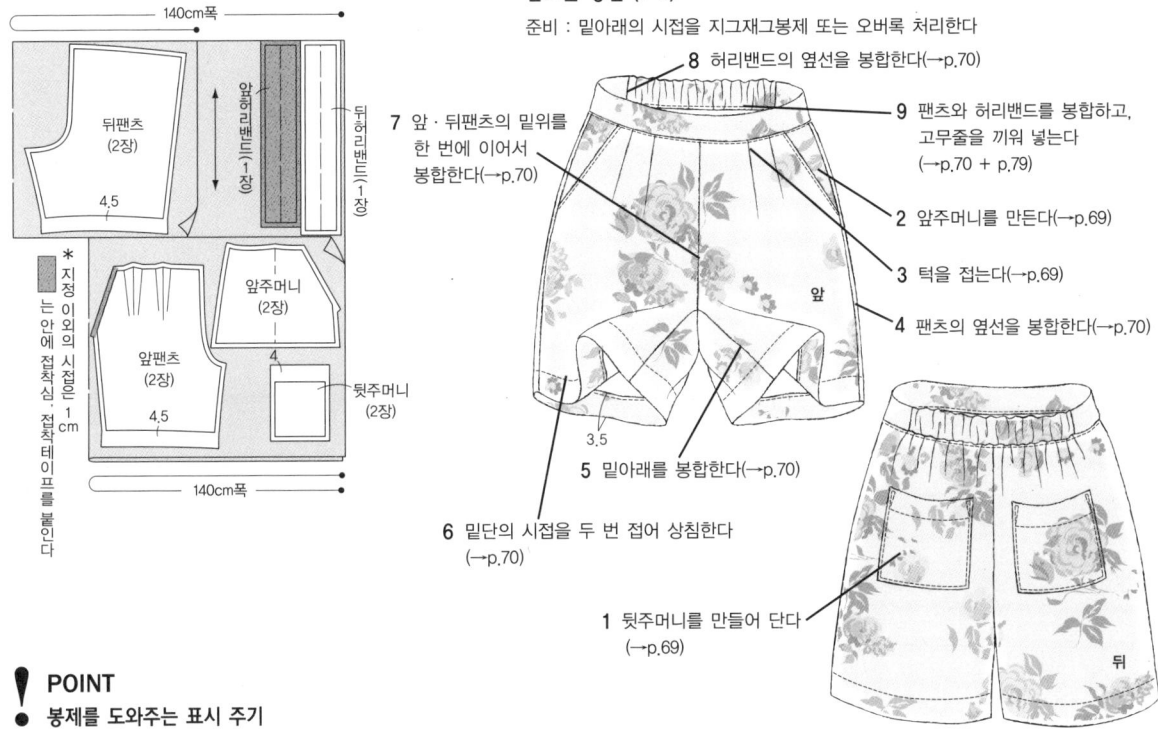

만드는 방법 (1~9)

준비 : 밑아래의 시접을 지그재그봉제 또는 오버록 처리한다

8 허리밴드의 옆선을 봉합한다(→p.70)

9 팬츠와 허리밴드를 봉합하고, 고무줄을 끼워 넣는다 (→p.70 + p.79)

7 앞 · 뒤팬츠의 밑위를 한 번에 이어서 봉합한다(→p.70)

2 앞주머니를 만든다(→p.69)

3 턱을 접는다(→p.69)

4 팬츠의 옆선을 봉합한다(→p.70)

5 밑아래를 봉합한다(→p.70)

6 밑단의 시접을 두 번 접어 상침한다 (→p.70)

1 뒷주머니를 만들어 단다 (→p.69)

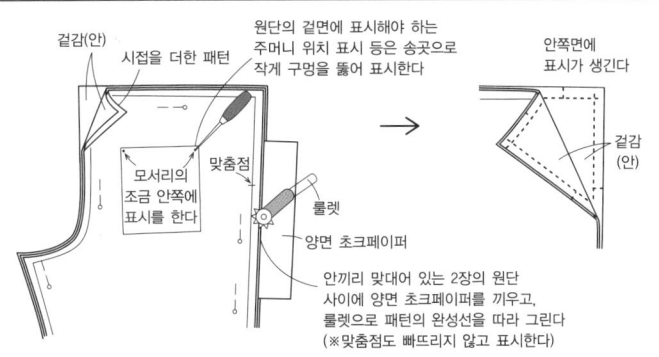

❗ POINT
● 봉제를 도와주는 표시 주기

미싱이 익숙하지 않고, 봉제선이 잘 보이지 않아 불편한 분들에게는 양면 초크페이퍼로 표시 주기를 추천합니다. 양면 초크페이퍼를 이용하면 2장의 원단을 한꺼번에 표시할 수 있어 작업시간이 단축됩니다.

원단의 겉면에 표시해야 하는 주머니 위치 표시 등은 송곳으로 작게 구멍을 뚫어 표시한다

겉감(안)
시접을 더한 패턴
모서리의 조금 안쪽에 표시를 한다
맞춤점
룰렛
양면 초크페이퍼

안끼리 맞대어 있는 2장의 원단 사이에 양면 초크페이퍼를 끼우고, 룰렛으로 패턴의 완성선을 따라 그린다 (※맞춤점도 빠뜨리지 않고 표시한다)

안쪽면에 표시가 생긴다
겉감(안)

B-c 8부 배기 팬츠 ▶ p.25

재료

겉감(린넨) 110cm폭×210cm
얇은 접착심(앞허리밴드용) 10×50cm
접착테이프(앞팬츠 주머니 입구용) 1.5cm폭×40cm
고무줄 3.5cm폭×7호 22cm / 9호 25cm /
11호 28cm / 13호 31cm

완성 사이즈 (7호 / 9호 / 11호 / 13호)

허리둘레 약 65cm / 68cm / 71cm / 74cm,
허리둘레(최대) 93cm / 96cm / 99cm/ 102cm,
엉덩이둘레 111cm / 114cm / 117cm / 120cm,
팬츠길이 82cm

재단 배치도

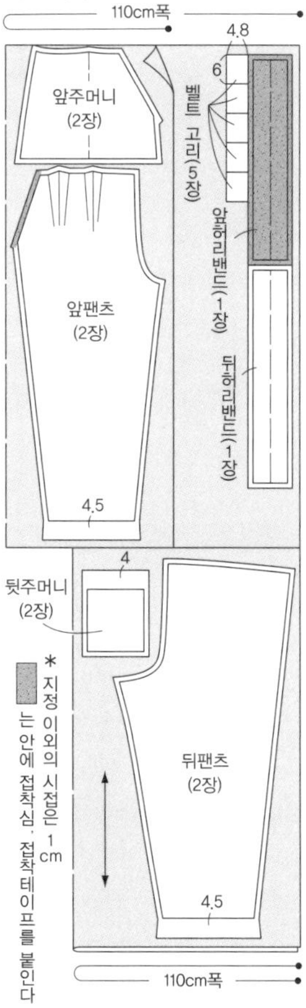

- 110cm폭
- 4.8
- 6
- 앞주머니 (2장)
- 벨트 고리 (5장)
- 앞허리밴드(1장)
- 뒤허리밴드(1장)
- 앞팬츠 (2장)
- 4.5
- 4
- 뒷주머니 (2장)
- * 지정 이외의 시접은 1cm
  는 안에 접착심. 접착테이프를 붙인다
- 뒤팬츠 (2장)
- 4.5
- 110cm폭

실물크기 패턴 A면

- 뒤허리밴드
- 앞허리밴드
- 앞주머니
- 뒤팬츠
- 앞팬츠
- 뒷주머니

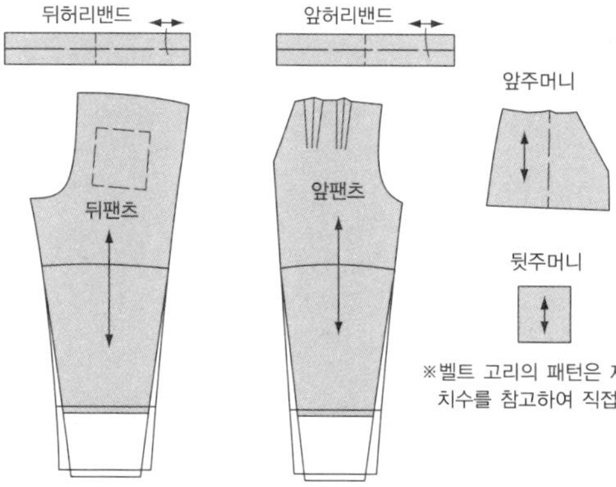

※벨트 고리의 패턴은 재단 배치도의
치수를 참고하여 직접 제도합니다

만드는 방법 (1~11)

준비 : 밑아래의 시접을 지그재그봉제
또는 오버록 처리한다

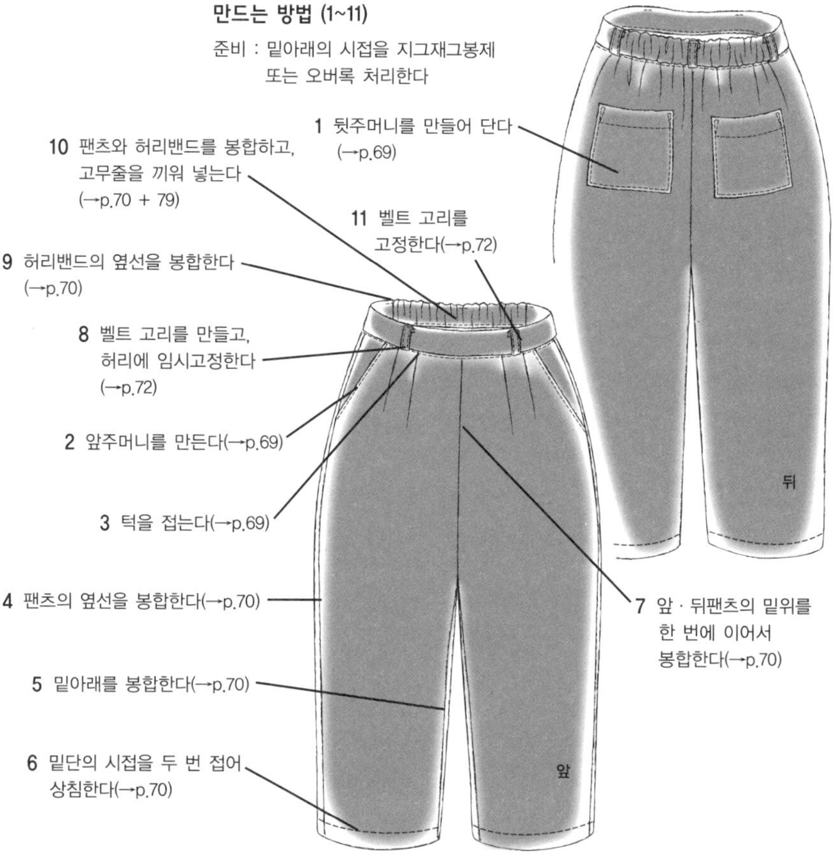

1 뒷주머니를 만들어 단다
(→p.69)

10 팬츠와 허리밴드를 봉합하고,
고무줄을 끼워 넣는다
(→p.70 + 79)

11 벨트 고리를
고정한다(→p.72)

9 허리밴드의 옆선을 봉합한다
(→p.70)

8 벨트 고리를 만들고,
허리에 임시고정한다
(→p.72)

2 앞주머니를 만든다(→p.69)

3 턱을 접는다(→p.69)

4 팬츠의 옆선을 봉합한다(→p.70)

5 밑아래를 봉합한다(→p.70)

6 밑단의 시접을 두 번 접어
상침한다(→p.70)

7 앞 · 뒤팬츠의 밑위를
한 번에 이어서
봉합한다(→p.70)

뒤

앞

8 벨트 고리를 만들고, 허리에 임시고정한다

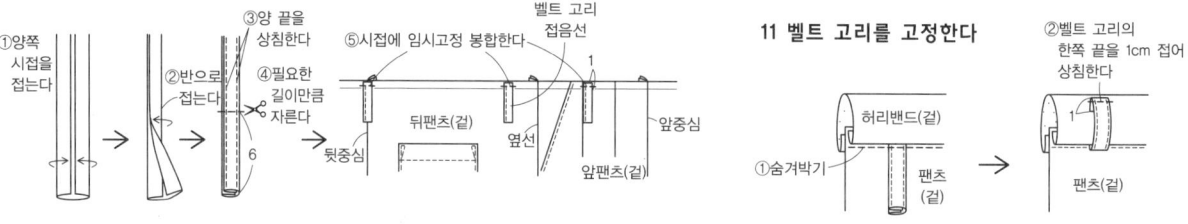

①양쪽 시접을 접는다
②반으로 접는다
③양 끝을 상침한다
④필요한 길이만큼 자른다
⑤시접에 임시고정 봉합한다
벨트 고리 접음선
6
뒷중심
뒤팬츠(겉)
옆선
앞팬츠(겉)
앞중심

11 벨트 고리를 고정한다

②벨트 고리의 한쪽 끝을 1cm 접어 상침한다
허리밴드(겉)
①숨겨박기
팬츠(겉)
1
팬츠(겉)

B-e 와이드 크롭 팬츠 ▶ p.28

재료
겉감(린넨) 150cm폭×180cm
안감(앞팬츠용) 90cm폭×70cm
얇은 접착심(앞허리밴드용) 10×50cm
접착테이프(앞팬츠 주머니 입구용) 1.5cm폭×40cm
고무줄 3.5cm폭 7호 22cm / 9호 25cm /
11호 28cm / 13호 31cm

완성 사이즈 (7호 / 9호 / 11호 / 13호)
허리둘레 약 65cm / 68cm / 71cm / 74cm,
허리둘레(최대) 93cm / 96cm / 99cm/ 102cm,
엉덩이둘레 111cm / 114cm / 117cm / 120cm,
팬츠길이 80cm

실물크기 패턴 A면

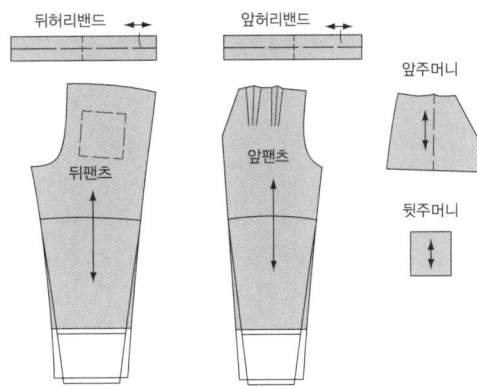

뒤허리밴드 　앞허리밴드 　앞주머니
뒤팬츠 　앞팬츠 　뒷주머니

재단 배치도

＊지정 이외의 시접은 1cm
▨ 는 안에 접착심, 접착테이프를 붙인다

겉감

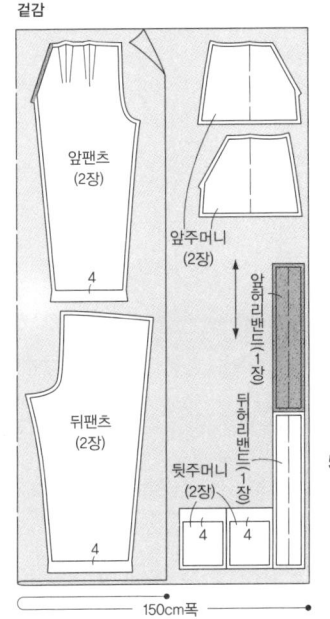

앞팬츠
(2장)

4

뒤팬츠
(2장)

4

앞주머니
(2장)

앞허리밴드(1장)

뒷주머니
(2장)

뒤허리밴드 1장

4　4

─ 150cm폭 ─

만드는 방법 (1~10)

준비 : 밑아래의 시접을 지그재그봉제
또는 오버록 처리한다

10 팬츠와 허리밴드를 봉합하고,
고무줄을 끼워 넣는다(→p.70 + p.79)

2 뒷주머니를 만들어 단다
(→p.69)

9 허리밴드의 옆선을 봉합한다
(→p.70)

3 앞주머니를 만든다
(→p.69)

4 턱을 접는다
(→p.69)

1 안앞팬츠의 밑단을 정리하고,
겉앞팬츠와 겹쳐 임시고정
봉합한다(→p.73)

5 팬츠의 옆선을 봉합한다(→p.70)

6 밑아래를 봉합한다(→p.70)

7 밑단의 시접을 3cm 폭으로
두 번 접어 상침한다
(→p.70)

8 앞·뒤팬츠의 밑위를
한 번에 이어서
봉합한다(→p.70)

앞 　뒤

안감

앞팬츠
(2장)

겉앞팬츠의
밑단선에서
14cm 자른다

─ 90cm폭 ─

1 안앞팬츠의 밑단을 정리하고, 겉앞팬츠와 겹쳐 임시고정 봉합한다

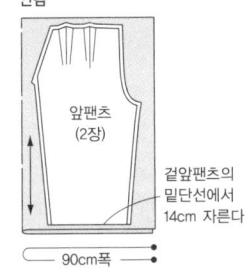

접착테이프

③밑아래를 지그재그봉합
또는 오버록 통솔처리한다

②겉·안앞팬츠를
그림처럼 겹치고,
시접에서 임시고정 봉합한다

안앞팬츠(안)

①안앞팬츠의 밑단을
지그재그봉제 또는
오버록 처리한다

겉앞팬츠(안)

14

※입고 벗기 쉽고,
팬츠의 착용감을 좋게 하기 위해
앞팬츠에만 안감을 달아준다.
먼저 앞팬츠의 겉·안감을 뒤팬츠와
봉합하여 팬츠를 만든다

B-d 점프수트 ▶ p.26

재료

겉감(코튼론) 110cm폭×260cm
※13호 패턴은 아래의 재단 배치도처럼 팬츠 옆에 허리끈을
배치할 수 없으므로 원단을 180cm 정도 더 길게 준비한다.
접착테이프(앞팬츠 주머니 입구용) 1.5cm폭×40cm
고무줄 0.6cm폭 7호 65cm / 9호 68cm /
11호 71cm / 13호 74cm

완성 사이즈 (7호 / 9호 / 11호 / 13호)

가슴둘레 93cm / 96cm / 99cm / 102cm,
허리둘레 약 65cm / 68cm / 71cm / 74cm,
허리둘레(최대) 93cm / 96cm / 99cm/ 102cm,
엉덩이둘레 111cm / 114cm / 117cm / 120cm,
팬츠길이 82cm

실물크기 패턴 A면

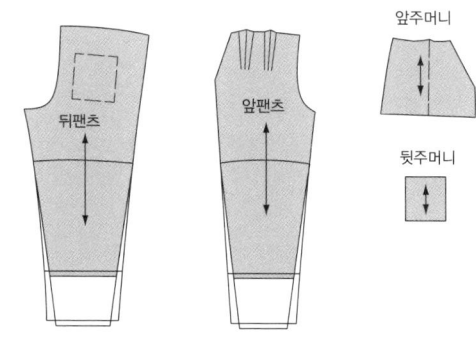

뒤팬츠

앞팬츠

앞주머니

뒷주머니

※앞·뒤몸판, 어깨끈, 어깨끈고리, 허리끈, 허리끈고리의 패턴은
재단 배치도의 치수를 참고하여 직접 제도합니다

재단 배치도

＊지정 이외의 시접은 1cm
▨는 안에 접착테이프를 붙인다

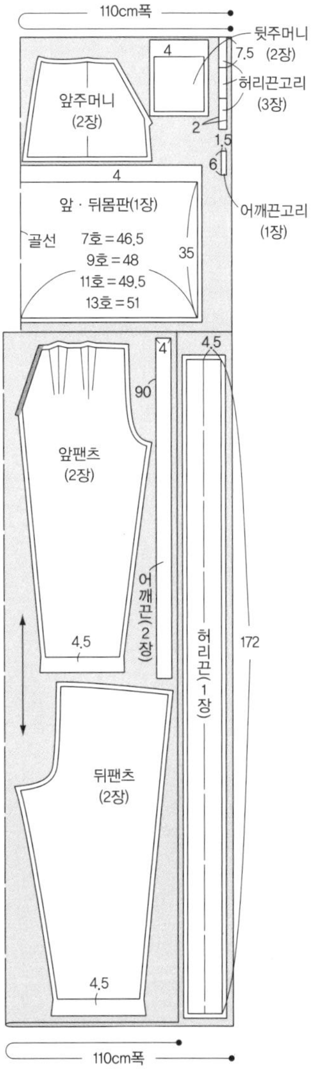

110cm폭

뒷주머니 7.5 (2장)
허리끈고리 (3장)
4
2
앞주머니 (2장)
1.5
6
4
앞·뒤몸판(1장)
어깨끈고리 (1장)
골선 7호 =46.5
9호 =48
11호 =49.5
13호 =51
35

4   4.5
90
앞팬츠 (2장)
어깨끈(2장)
허리끈(1장)
172
4.5
뒤팬츠 (2장)
4.5

110cm폭

만드는 방법 (1~13)

준비 : 몸판의 뒷중심, 밑아래의
시접을 지그재그봉제
또는 오버록 처리한다

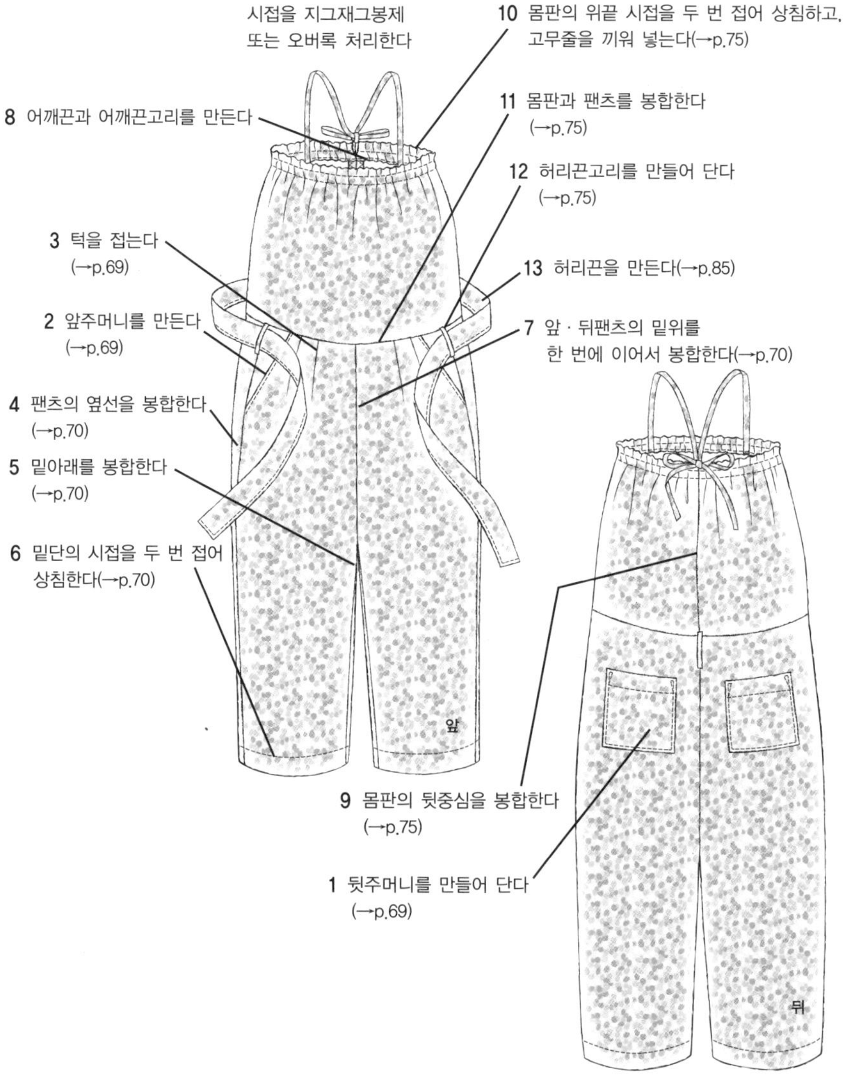

10 몸판의 위끝 시접을 두 번 접어 상침하고,
고무줄을 끼워 넣는다(→p.75)

11 몸판과 팬츠를 봉합한다
(→p.75)

12 허리끈고리를 만들어 단다
(→p.75)

13 허리끈을 만든다(→p.85)

8 어깨끈과 어깨끈고리를 만든다

3 턱을 접는다
(→p.69)

2 앞주머니를 만든다
(→p.69)

7 앞·뒤팬츠의 밑위를
한 번에 이어서 봉합한다(→p.70)

4 팬츠의 옆선을 봉합한다
(→p.70)

5 밑아래를 봉합한다
(→p.70)

6 밑단의 시접을 두 번 접어
상침한다(→p.70)

앞

9 몸판의 뒷중심을 봉합한다
(→p.75)

1 뒷주머니를 만들어 단다
(→p.69)

뒤

9 몸판의 뒷중심을 봉합한다

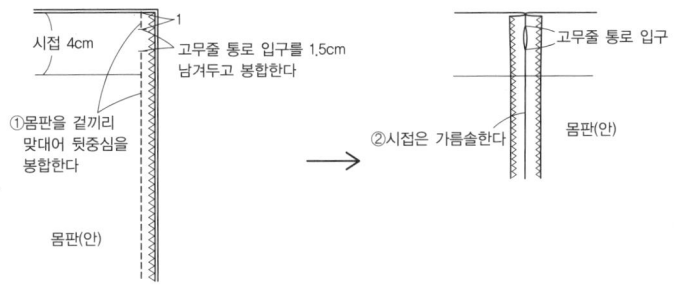

시접 4cm

①몸판을 겉끼리 맞대어 뒷중심을 봉합한다

고무줄 통로 입구를 1.5cm 남겨두고 봉합한다

몸판(안)

고무줄 통로 입구

②시접은 가름솔한다

몸판(안)

10 몸판의 위끝 시접을 두 번 접어 상침하고, 고무줄을 끼워 넣는다

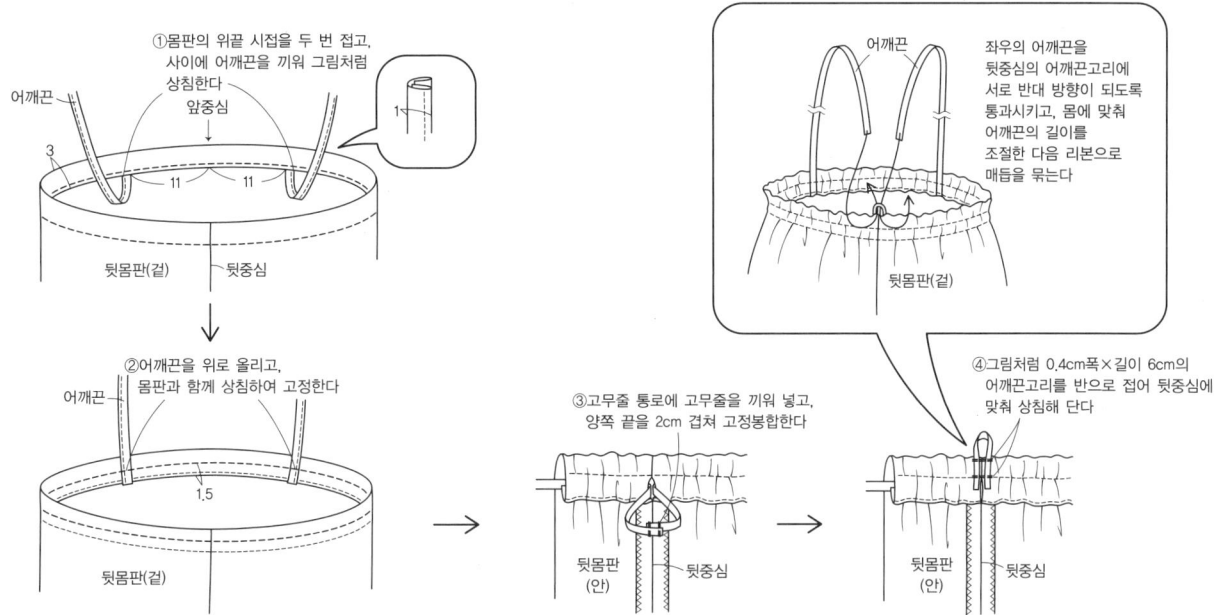

①몸판의 위끝 시접을 두 번 접고, 사이에 어깨끈을 끼워 그림처럼 상침한다

앞중심

어깨끈

3

11 11

뒷몸판(겉) 뒷중심

②어깨끈을 위로 올리고, 몸판과 함께 상침하여 고정한다

어깨끈

1.5

뒷몸판(겉)

③고무줄 통로에 고무줄을 끼워 넣고, 양쪽 끝을 2cm 겹쳐 고정봉합한다

뒷몸판(안) 뒷중심

좌우의 어깨끈을 뒷중심의 어깨끈고리에 서로 반대 방향이 되도록 통과시키고, 몸에 맞춰 어깨끈의 길이를 조절한 다음 리본으로 매듭을 묶는다

어깨끈

뒷몸판(겉)

④그림처럼 0.4cm폭×길이 6cm의 어깨끈고리를 반으로 접어 뒷중심에 맞춰 상침해 단다

뒷몸판(안) 뒷중심

11 몸판과 팬츠를 봉합한다

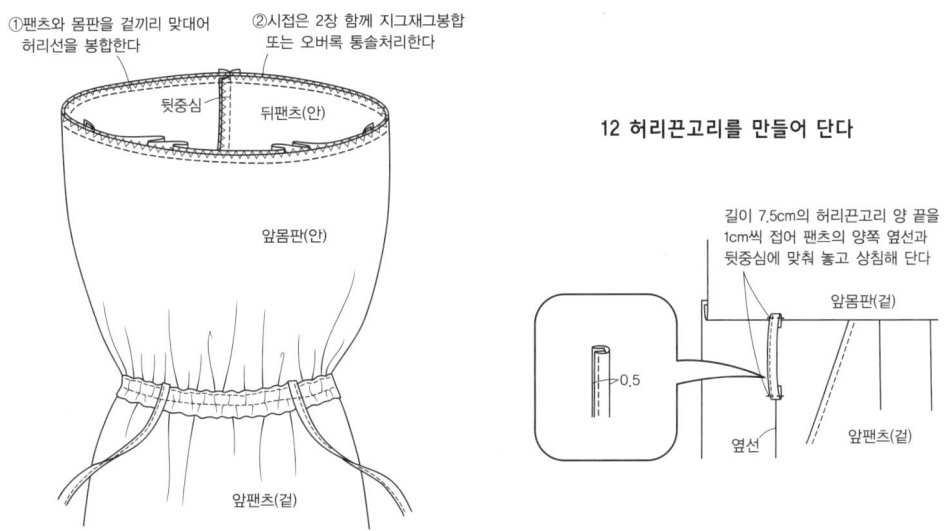

①팬츠와 몸판을 겉끼리 맞대어 허리선을 봉합한다

②시접은 2장 함께 지그재그봉합 또는 오버록 통솔처리한다

뒷중심 뒤팬츠(안)

앞몸판(안)

앞팬츠(겉)

12 허리끈고리를 만들어 단다

길이 7.5cm의 허리끈고리 양 끝을 1cm씩 접어 팬츠의 양쪽 옆선과 뒷중심에 맞춰 놓고 상침해 단다

앞몸판(겉)

0.5

옆선 앞팬츠(겉)

B-f 서스펜더 팬츠 ▶ p.30

재료
겉감(논워시 데님) 110cm폭×250cm
얇은 접착심(앞허리밴드용) 10×50cm
접착테이프(앞팬츠 주머니 입구용) 1.5cm폭×40cm
고무줄 3.5cm폭 7호 22cm / 9호 25cm /
11호 28cm / 13호 31cm
단추 지름2cm 4개   둥근 고무줄 16cm

완성 사이즈(7호 / 9호 / 11호 / 13호)
허리둘레 약 65cm / 68cm / 71cm / 74cm,
허리둘레(최대) 93cm / 96cm / 99cm/ 102cm,
엉덩이둘레 111cm / 114cm / 117cm / 120cm,
팬츠길이 98.5cm

실물크기 패턴 A면

※ 서스펜더의 패턴은 재단 배치도의 치수를
참고하여 직접 제도합니다

재단 배치도

✽ 지정 이외의 시접은 1cm
는 안에 접착심·접착테이프를 붙인다

앞주머니 (2장)
앞팬츠 (2장)
앞허리밴드(1장)
뒤허리밴드(1장)
서스펜더 (2장)
뒤팬츠 (1장)
뒤팬츠 (1장)
뒷주머니 (2장)
4
4.5
4.5
4.5
4
108
108
110cm폭

만드는 방법 (1~11)
준비 : 밑아래의 시접을 지그재그봉제
또는 오버록 처리한다

9 팬츠와 허리밴드를 봉합하고,
고무줄을 끼워 넣는다
(→p.70 + p.79)

8 허리밴드의 옆선을 봉합한다(→p.70)

1 뒷주머니를 만들어 단다
(→p.69)

11 서스펜더를 만든다
(→p.76)

10 둥근 고무줄을 단다
(→p.76)

2 앞주머니를 만든다
(→p.69)

3 턱을 접는다(→p.69)

4 팬츠의 옆선을
봉합한다(→p.70)

7 앞·뒤팬츠의 밑위를
한 번에 이어서 봉합한다
(→p.70)

5 밑아래를 봉합한다
(→p.70)

6 밑단의 시접을 두 번 접어
상침한다(→p.70)

10 둥근 고무줄을 단다
11 서스펜더를 만든다

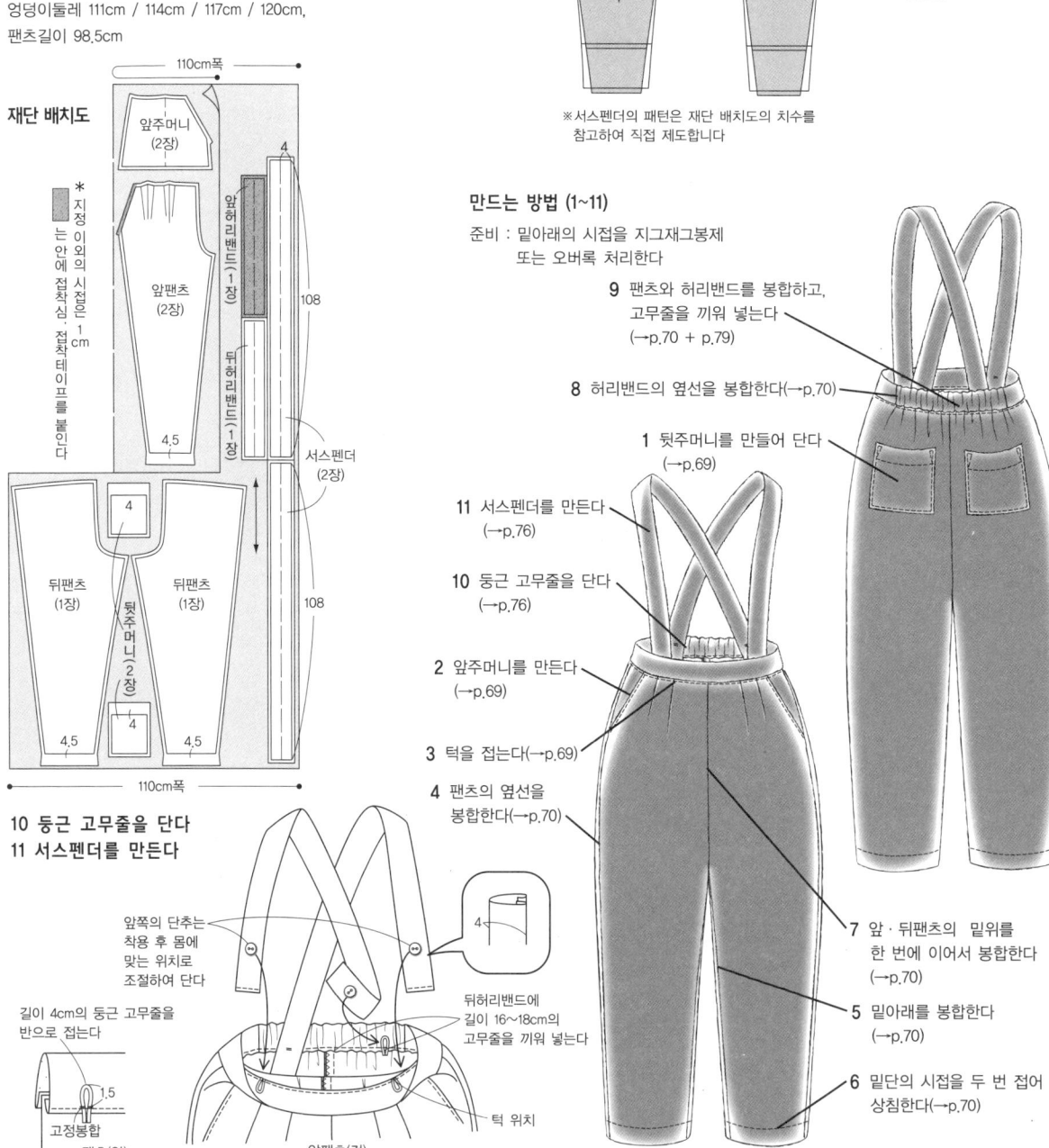

앞쪽의 단추는
착용 후 몸에
맞는 위치로
조절하여 단다

4

길이 4cm의 둥근 고무줄을
반으로 접는다

뒤허리밴드에
길이 16~18cm의
고무줄을 끼워 넣는다

1.5

고정봉합
팬츠(안)

턱 위치

앞팬츠(겉)

C-a 턱 스커트 ▶ p.36

재료

걸감(린넨) 110cm폭×310cm
얇은 접착심(앞허리밴드용) 10×40cm
접착테이프(앞스커트 주머니 입구용) 1.5cm폭×40cm
고무줄 3.5cm폭 7호 33cm / 9호 36cm /
11호 39cm / 13호 42cm

완성 사이즈 (7호 / 9호 / 11호 / 13호)

허리둘레 약 65cm / 68cm / 71cm / 74cm,
허리둘레(최대) 132.5cm / 134cm / 135.5cm/ 137cm,
스커트길이 66.5cm

재단 배치도

＊지정 이외의 시접은 1cm
▨ 는 안에 접착심, 접착테이프를 붙인다

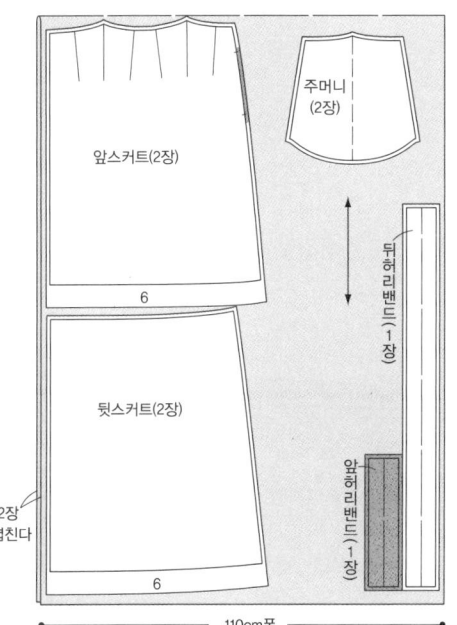

실물크기 패턴 C, D면

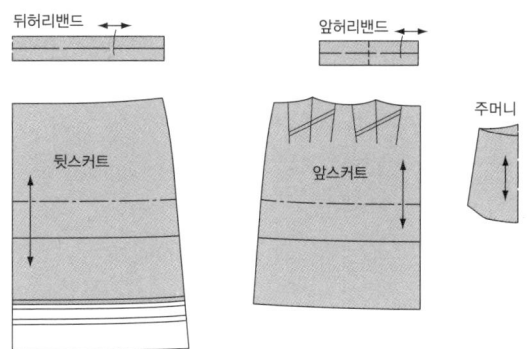

만드는 방법 (1~6)

준비 : 스커트의 앞·뒤중심과 옆선, 주머니 입구 시접을
　　　지그재그봉제 또는 오버록 처리한다

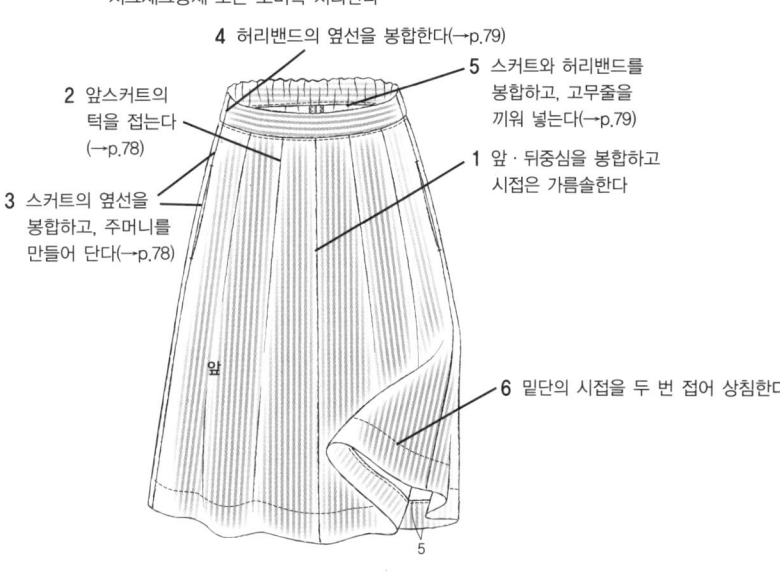

4 허리밴드의 옆선을 봉합한다(→p.79)

5 스커트와 허리밴드를
봉합하고, 고무줄을
끼워 넣는다(→p.79)

2 앞스커트의
턱을 접는다
(→p.78)

1 앞·뒤중심을 봉합하고
시접은 가름솔한다

3 스커트의 옆선을
봉합하고, 주머니를
만들어 단다(→p.78)

6 밑단의 시접을 두 번 접어 상침한다

❗ POINT

스커트의 폭은 4사이즈 전부 동일합니다

● 앞허리밴드만 4가지의 사이즈로 전개되어 있습니다.

앞·뒤스커트의 폭은 4가지 사이즈 모두 동일하며, 앞허리밴드만
4가지 사이즈로 수록되어 있습니다. 각 사이즈의 허리밴드 둘레
에 맞게 스커트의 주름 분량 또는 턱의 폭을 바꾸어 만들어 주
세요. 사이즈가 커질수록 스커트의 턱과 개더 분량이 작아지지
만, 전체적인 볼륨은 그대로 유지됩니다.

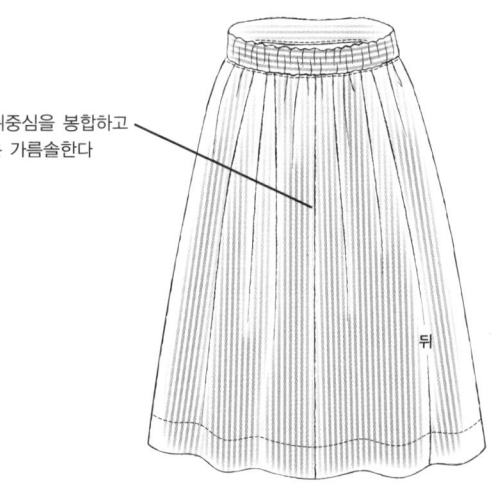

1 앞·뒤중심을 봉합하고
시접은 가름솔한다

2 앞스커트의 턱을 접는다

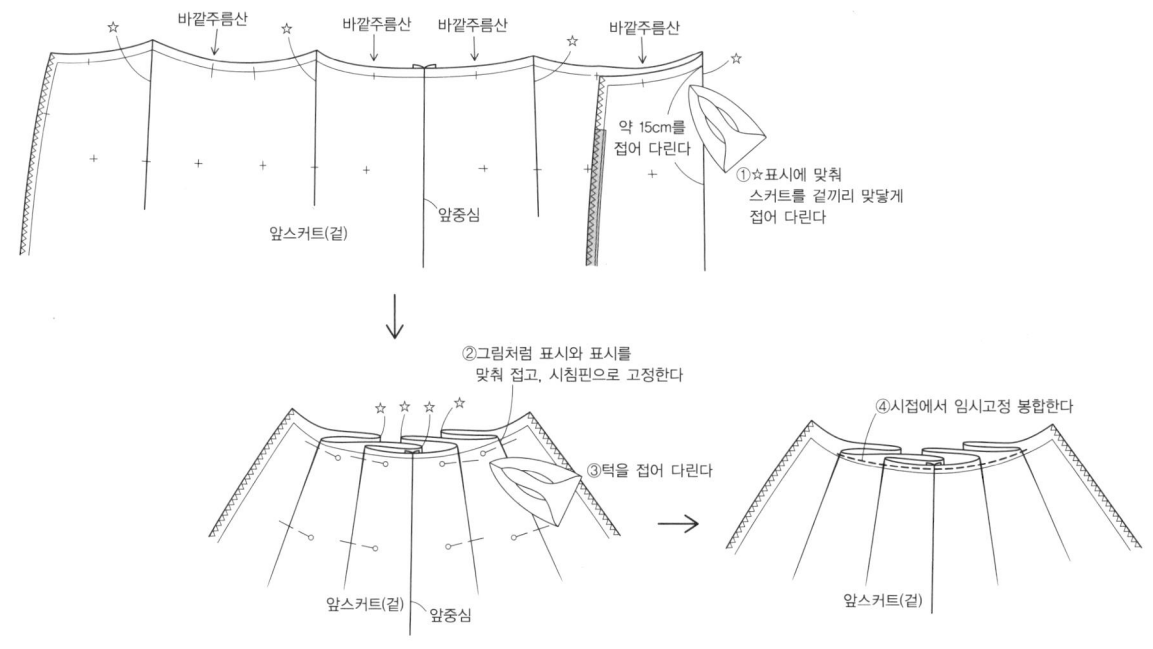

☆　바깥주름산　☆　바깥주름산　바깥주름산　☆　바깥주름산　☆

약 15cm를
접어 다린다

①☆표시에 맞춰
스커트를 겉끼리 맞닿게
접어 다린다

앞스커트(겉)　앞중심

②그림처럼 표시와 표시를
맞춰 접고, 시침핀으로 고정한다

④시접에서 임시고정 봉합한다

☆ ☆ ☆ ☆

③턱을 접어 다린다

앞스커트(겉)　앞중심

앞스커트(겉)

3 스커트의 옆선을 봉합하고, 주머니를 만들어 단다

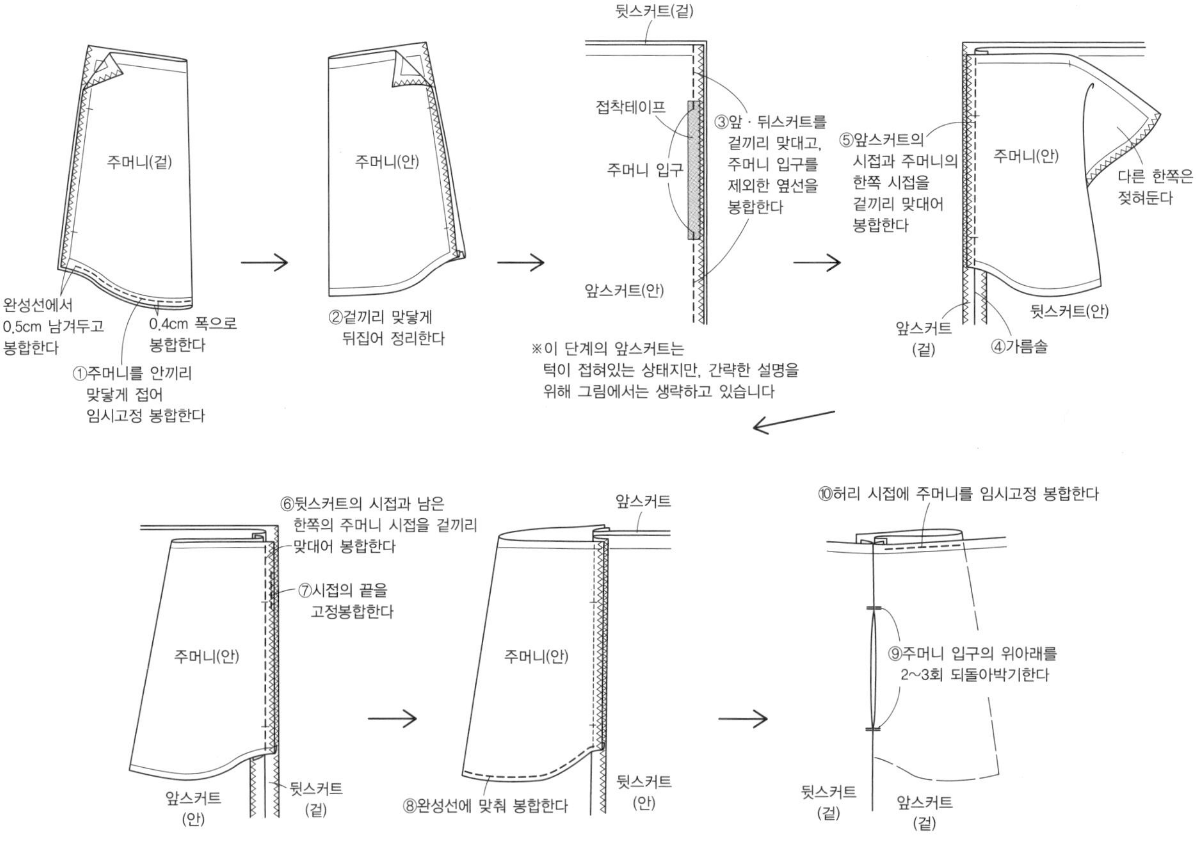

주머니(겉)

완성선에서
0.5cm 남겨두고
봉합한다

0.4cm 폭으로
봉합한다

①주머니를 안끼리
맞닿게 접어
임시고정 봉합한다

주머니(안)

②겉끼리 맞닿게
뒤집어 정리한다

뒷스커트(겉)

접착테이프

주머니 입구

③앞·뒤스커트를
겉끼리 맞대고,
주머니 입구를
제외한 옆선을
봉합한다

앞스커트(안)

※이 단계의 앞스커트는
턱이 접혀있는 상태지만, 간략한 설명을
위해 그림에서는 생략하고 있습니다

⑤앞스커트의
시접과 주머니의
한쪽 시접을
겉끼리 맞대어
봉합한다

주머니(안)

다른 한쪽은
젖혀둔다

앞스커트
(겉)　④가름솔

뒷스커트(안)

⑥뒷스커트의 시접과 남은
한쪽의 주머니 시접을 겉끼리
맞대어 봉합한다

⑦시접의 끝을
고정봉합한다

앞스커트

주머니(안)

앞스커트
(안)　뒷스커트
(겉)

주머니(안)

⑧완성선에 맞춰 봉합한다

뒷스커트
(안)

⑩허리 시접에 주머니를 임시고정 봉합한다

⑨주머니 입구의 위아래를
2~3회 되돌아박기한다

뒷스커트
(겉)　앞스커트
(겉)

4 허리밴드의 옆선을 봉합한다

앞·뒤허리밴드를 겉끼리 맞대어
옆선을 봉합하고 시접은 가름솔한다

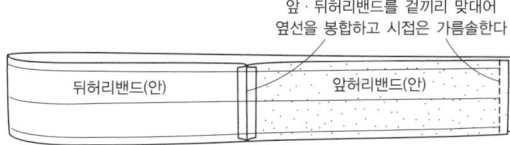

뒤허리밴드(안)   앞허리밴드(안)

5 스커트와 허리밴드를 봉합하고, 고무줄을 끼워 넣는다

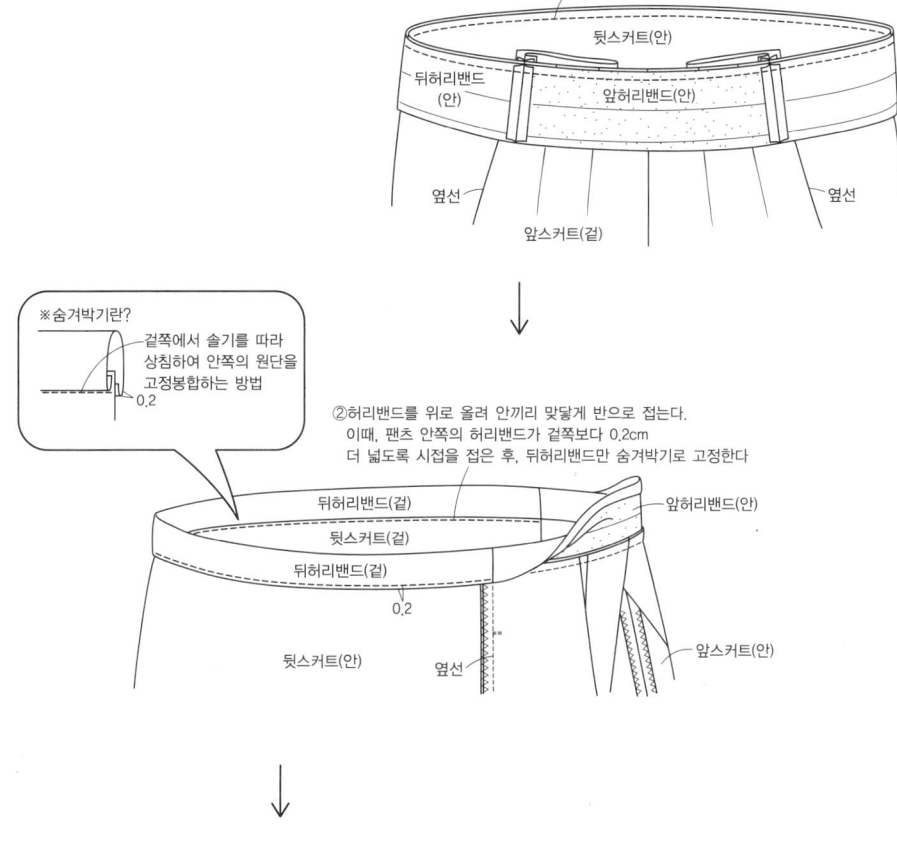

①스커트와 허리밴드를 겉끼리 맞대어 봉합한다

뒷스커트(안)

뒤허리밴드
(안)   앞허리밴드(안)

옆선   옆선

앞스커트(겉)

※숨겨박기란?
겉쪽에서 솔기를 따라
상침하여 안쪽의 원단을
고정봉합하는 방법
0.2

②허리밴드를 위로 올려 안끼리 맞닿게 반으로 접는다.
이때, 팬츠 안쪽의 허리밴드가 겉쪽보다 0.2cm
더 넓도록 시접을 접은 후, 뒤허리밴드만 숨겨박기로 고정한다

뒤허리밴드(겉)   앞허리밴드(안)
뒷스커트(겉)
뒤허리밴드(겉)
0.2
뒷스커트(안)   옆선   앞스커트(안)

③앞허리밴드를 통해 고무줄을 끼워 넣는다
앞허리밴드(겉)
뒤허리밴드(겉)

뒷스커트
(안)   앞스커트(안)

※고무줄의 한쪽 끝에 옷핀을 끼워두면
고무줄 끝이 허리밴드 안쪽으로
끌려 들어가는 것을 방지할 수 있다

④고무줄 양 끝을 허리밴드
옆선에 맞춰 시침핀으로 고정한 후,
허리밴드 옆선 솔기에 맞춰 숨겨박기로 고정한다

뒤허리밴드(겉)   앞허리밴드(겉)
0.2
뒷스커트
(안)   앞스커트(안)

⑤앞허리밴드는 겉쪽에서
솔기를 따라 숨겨박기하여
스커트에 고정봉합한다

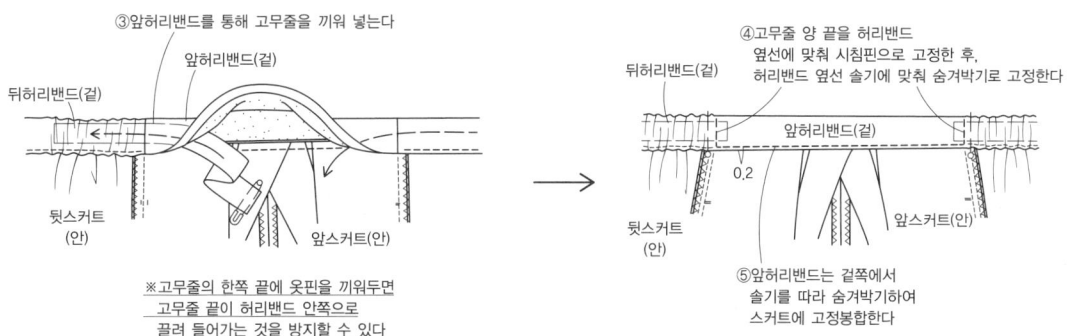

C-b 개더 스커트 ▶ p.37

재료

겉감(린넨) 125cm폭×260cm
얇은 접착심(앞허리밴드용) 10×40cm
접착테이프(앞스커트 주머니 입구용) 1.5cm폭×40cm
고무줄 3.5cm폭 7호 33cm / 9호 36cm /
11호 39cm / 13호 42cm

완성 사이즈(7호 / 9호 / 11호 / 13호)

허리둘레 약 65cm / 68cm / 71cm / 74cm,
허리둘레(최대) 132.5cm / 134cm / 135.5cm / 137cm,
스커트길이 66.5cm

실물크기 패턴 C, D면

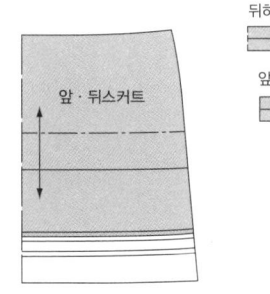
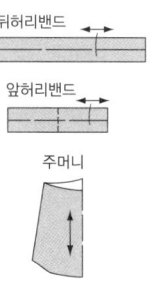

앞·뒤스커트

뒤허리밴드
앞허리밴드
주머니

재단 배치도

125cm폭

*지정 이외의 시접은 1cm
▨ 는 안에 접착심, 접착테이프를 붙인다

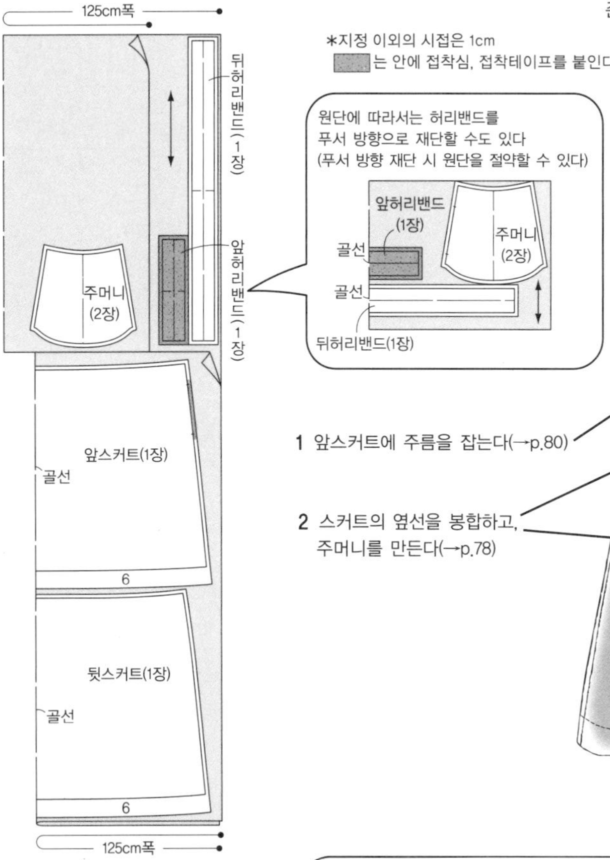

원단에 따라서는 허리밴드를
푸서 방향으로 재단할 수도 있다
(푸서 방향 재단 시 원단을 절약할 수 있다)

앞허리밴드
(1장)
골선

주머니
(2장)

골선
뒤허리밴드(1장)

뒤허리밴드(1장)
앞허리밴드(1장)

주머니
(2장)

앞스커트(1장)
골선
6

뒷스커트(1장)
골선
6

125cm폭

만드는 방법 (1~5)

준비 : 스커트 옆선과 주머니 입구 시접을
지그재그봉제 또는 오버록 처리한다

3 허리밴드의 옆선을 봉합한다
(→p.79)

4 허리밴드와 스커트를
봉합하고, 고무줄을
끼워 넣는다(→p.79)

뒤

1 앞스커트에 주름을 잡는다(→p.80)

2 스커트의 옆선을 봉합하고,
주머니를 만든다(→p.78)

앞

5 밑단의 시접을 두 번 접어 상침한다

5

1 앞스커트에 주름을 잡는다

0.5
0.2
완성선

스커트와 허리밴드를
봉합한 뒤, 완성선
위아래의 실을 제거한다

앞스커트(겉)

①완성선의 위아래를
큰 땀으로 2줄 봉제한다

1cm 남겨둔다

앞스커트(안)

②좌우의 실을 당겨
앞허리밴드의 길이에
맞춰 주름을 잡는다

③시접 부분의
주름을 눌러 다린다

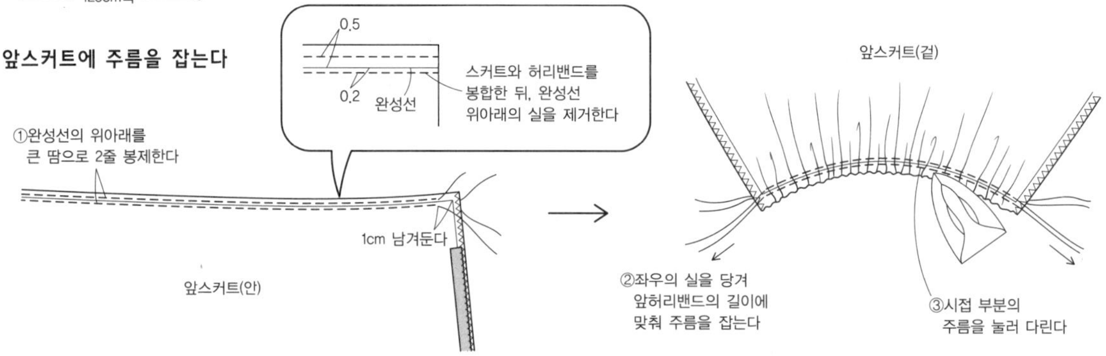

C-d 미디 스커트 ▶ p.39

재료
겉감(프린트 코튼) 110cm폭×310cm
안감(무지 코튼) 110cm폭×290cm
접착테이프(앞스커트 주머니 입구용) 1.5cm폭×40cm
고무줄 3.5cm폭 7호 67cm / 9호 70cm /
11호 73cm / 13호 76cm

완성 사이즈(7호 / 9호 / 11호 / 13호)
허리둘레 약 65cm / 68cm / 71cm / 74cm,
허리둘레(최대) 200cm,
스커트길이 67.5cm

실물크기 패턴 C, D면

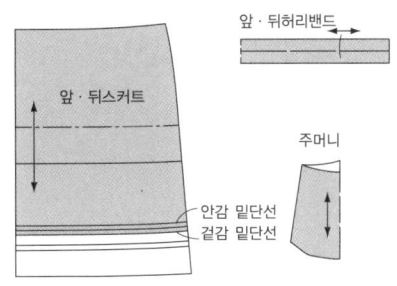

앞·뒤허리밴드

앞·뒤스커트

주머니

안감 밑단선
겉감 밑단선

재단 배치도

＊지정 이외의 시접은 1cm
▨는 안에 접착테이프를 붙인다

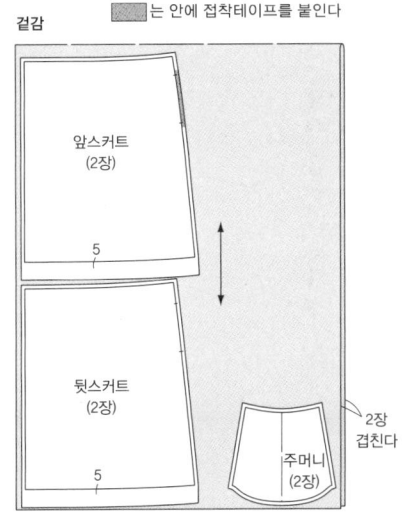

겉감

앞스커트
(2장)
5

뒷스커트
(2장)
5

주머니
(2장)

2장
겹친다

110cm폭

안감

앞스커트(2장)
3.5

뒷스커트(2장)
3.5

허리밴드(2장)

2장
겹친다

110cm폭

만드는 방법 (1~9)

준비 : 겉·안스커트의 앞·뒤중심과 옆선, 주머니 입구
시접을 지그재그봉제 또는 오버록 처리한다

4 안스커트의 앞·뒤중심을 봉합하고,
시접은 왼쪽으로 넘긴다

8 겉·안스커트를 안끼리 맞닿게 겹치고,
허리밴드와 함께 봉합한다
(→p.81 + p.85)

9 허리밴드에
고무줄을 끼워 넣는다

7 허리밴드의 옆선을 봉합한다
(→p.85)

2 겉스커트의 옆선을
봉합하고 주머니를
만든다(→p.78)

안스커트

6 안스커트 밑단의 시접을
두 번 접어 상침한다

5 안스커트의 옆선을 봉합하고,
시접은 뒤쪽으로 넘긴다

겉스커트

안앞스커트(안)
2.5

1 겉스커트의 앞·뒤중심을 봉합하고,
시접은 가름솔한다

3 겉스커트 밑단의 시접을 두 번 접어 상침한다

8 겉·안스커트를 안끼리 맞닿게 겹치고, 허리밴드와 함께 봉합한다

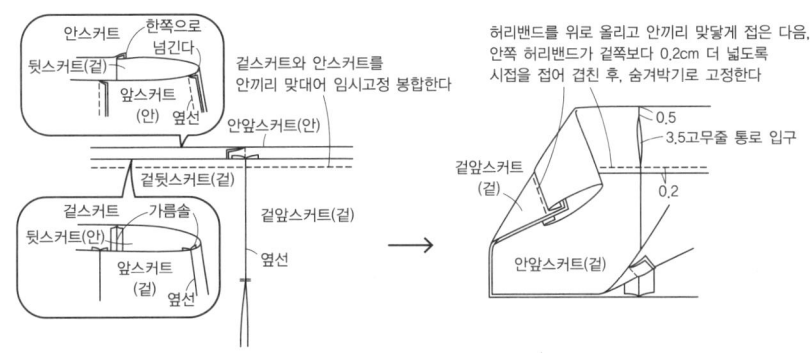

안스커트
한쪽으로
넘긴다
뒷스커트(겉)
앞스커트
(안) 옆선

겉스커트와 안스커트를
안끼리 맞대어 임시고정 봉합한다

안앞스커트(안)

겉뒷스커트(겉)

겉스커트
뒷스커트(안)
가름솔
앞스커트
(겉) 옆선

겉앞스커트(겉)

옆선

허리밴드를 위로 올리고 안끼리 맞닿게 접은 다음,
안쪽 허리밴드가 겉쪽보다 0.2cm 더 넓도록
시접을 접어 겹친 후, 숨겨박기로 고정한다

0.5
3.5고무줄 통로 입구

겉앞스커트
(겉)

0.2

안앞스커트(겉)

C-c 맥시 랩스커트 ▶ p.38

재료

겉감(린넨) 125cm폭×310cm
얇은 접착심(허리밴드용) 20cm폭×65cm
접착테이프(앞스커트 주머니 입구용) 1.5cm폭×40cm
스냅단추 지름 1.5cm 2쌍

완성 사이즈 (7호 / 9호 / 11호 / 13호)

허리둘레 68cm / 71cm / 74cm / 77cm,
스커트길이 81.5cm

재단 배치도

＊지정 이외의 시접은 1cm
　▨ 는 안에 접착심, 접착테이프를 붙인다

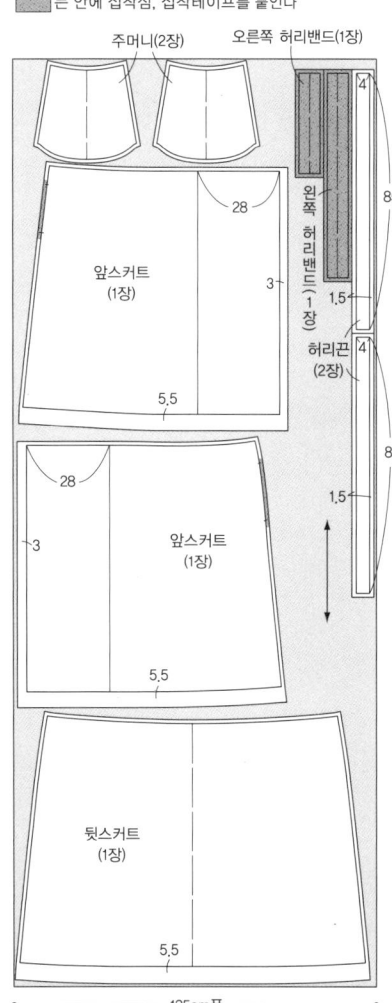

125cm폭

실물크기 패턴 C, D면

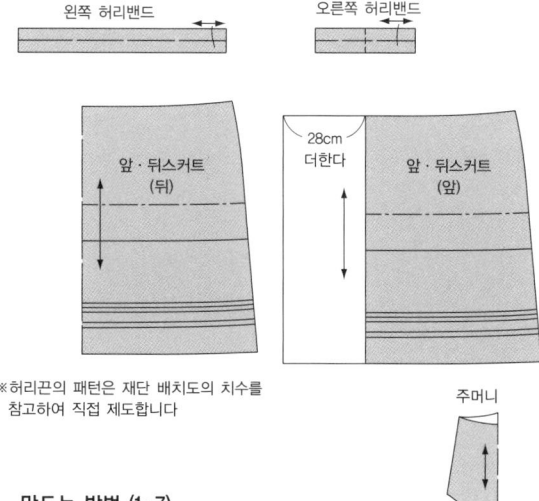

※허리끈의 패턴은 재단 배치도의 치수를
　참고하여 직접 제도합니다

만드는 방법 (1~7)

준비 : 스커트 옆선과 주머니 입구 시접을
　　　 지그재그봉제 또는 오버록 처리한다

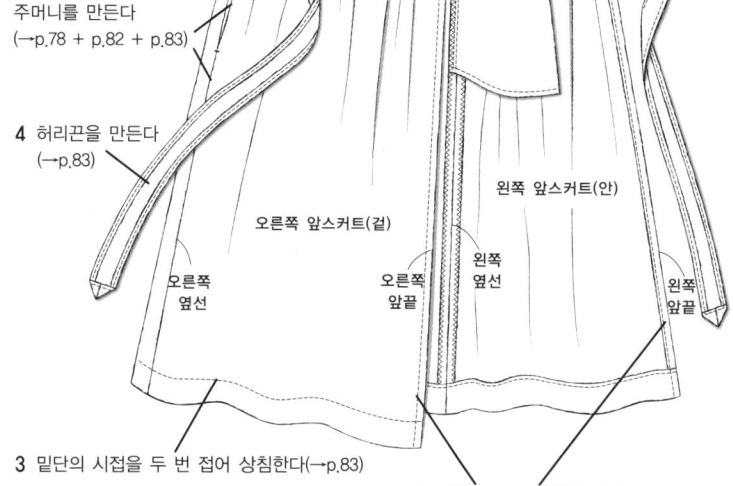

6 스커트에 주름을 잡고,
　허리밴드를 봉합해 단다 (→p.80 + p.83)

5 허리밴드의 오른쪽 옆선에
　허리끈을 끼워 넣고
　옆선을 봉합한다
　(→p.83)

7 스냅단추를 단다 (→p.83)

1 스커트의 옆선을 봉합하고,
　주머니를 만든다
　(→p.78 + p.82 + p.83)

4 허리끈을 만든다
　(→p.83)

오른쪽 앞스커트(겉)

왼쪽 앞스커트(안)

오른쪽
옆선

오른쪽
앞끝

왼쪽
옆선

왼쪽
앞끝

3 밑단의 시접을 두 번 접어 상침한다(→p.83)

2 좌우 스커트의 앞끝 시접을 두 번 접어
　상침한다(→p.83)

1 스커트의 옆선을 봉합하고, 주머니를 만든다

p.78을 참고하여 ①~⑨까지 봉합한 다음
p.83의 **2~5**까지 진행하고, **6**에서 스커트에 주름을 잡아
p.78-⑩을 참고하여 스커트에 주머니를 임시고정 봉합한다
(이때, 주머니에는 주름을 잡지 않는다)

2 좌우 스커트의 앞끝 시접을 두 번 접어 상침한다
3 밑단의 시접을 두 번 접어 상침한다

4 허리끈을 만든다

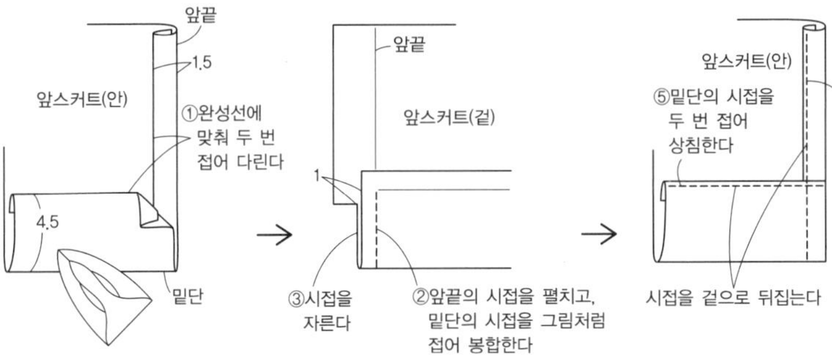

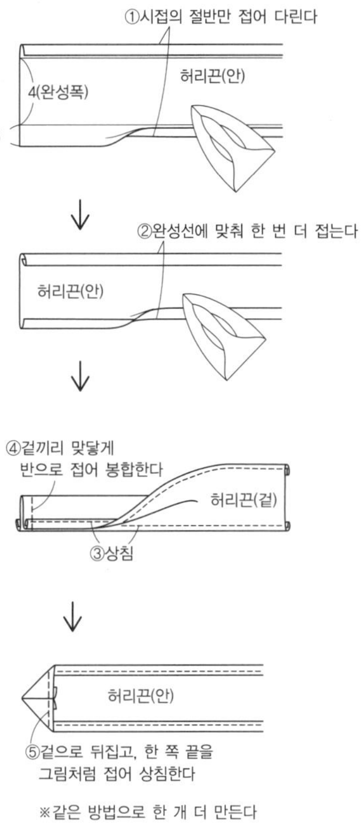

앞끝
1.5
앞스커트(안)
①완성선에 맞춰 두 번 접어 다린다
4.5
밑단

앞끝
앞스커트(겉)
1
③시접을 자른다
②앞끝의 시접을 펼치고, 밑단의 시접을 그림처럼 접어 봉합한다

앞스커트(안)
⑤밑단의 시접을 두 번 접어 상침한다
④앞끝의 시접을 두 번 접어 상침한다
1.5
시접을 겉으로 뒤집는다

①시접의 절반만 접어 다린다
4(완성폭)
허리끈(안)

②완성선에 맞춰 한 번 더 접는다
허리끈(안)

④겉끼리 맞닿게 반으로 접어 봉합한다
허리끈(겉)
③상침

허리끈(안)

⑤겉으로 뒤집고, 한 쪽 끝을 그림처럼 접어 상침한다

※같은 방법으로 한 개 더 만든다

5 허리밴드의 오른쪽 옆선에 허리끈을 끼워 넣고 옆선을 봉합한다

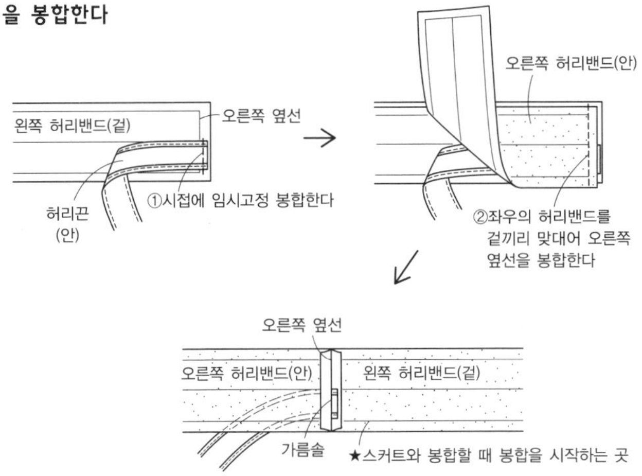

왼쪽 허리밴드(겉)
오른쪽 옆선
허리끈(안)
①시접에 임시고정 봉합한다

오른쪽 허리밴드(안)
②좌우의 허리밴드를 겉끼리 맞대어 오른쪽 옆선을 봉합한다

오른쪽 옆선
오른쪽 허리밴드(안)
왼쪽 허리밴드(겉)
가름솔
★스커트와 봉합할 때 봉합을 시작하는 곳

6 스커트에 주름을 잡고, 허리밴드를 봉합해 단다

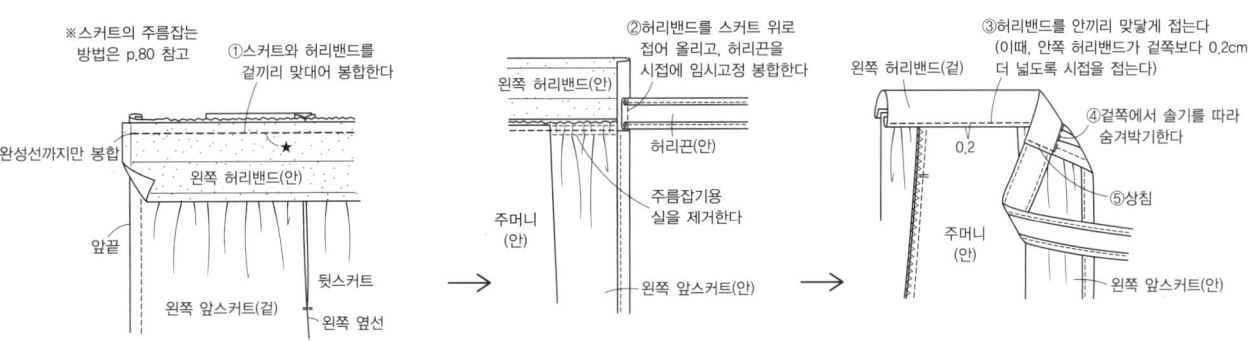

※스커트의 주름잡는 방법은 p.80 참고
①스커트와 허리밴드를 겉끼리 맞대어 봉합한다
완성선까지만 봉합
왼쪽 허리밴드(안)
앞끝
★
왼쪽 앞스커트(겉)
뒷스커트
왼쪽 옆선

②허리밴드를 스커트 위로 접어 올리고, 허리끈을 시접에 임시고정 봉합한다
왼쪽 허리밴드(안)
허리끈(안)
주름잡기용 실을 제거한다
주머니(안)
왼쪽 앞스커트(안)

③허리밴드를 안끼리 맞닿게 접는다 (이때, 안쪽 허리밴드가 겉쪽보다 0.2cm 더 넓도록 시접을 접는다)
왼쪽 허리밴드(겉)
0.2
④겉쪽에서 솔기를 따라 숨겨박기한다
⑤상침
주머니(안)
왼쪽 앞스커트(안)

7 스냅단추를 단다

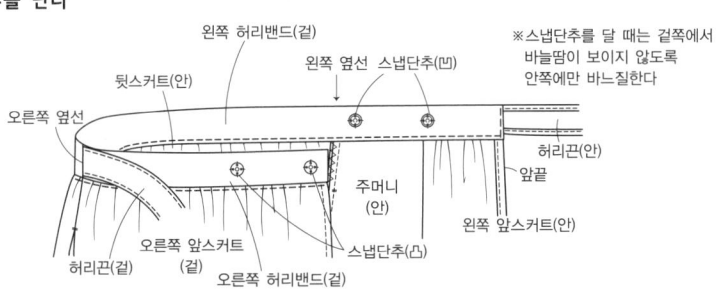

왼쪽 허리밴드(겉)
뒷스커트(안)
왼쪽 옆선 스냅단추(凹)
오른쪽 옆선
허리끈(안)
앞끝
왼쪽 앞스커트(안)
주머니(안)
허리끈(겉)
오른쪽 앞스커트(겉)
스냅단추(凸)
오른쪽 허리밴드(겉)

※스냅단추를 달 때는 겉쪽에서 바늘땀이 보이지 않도록 안쪽에만 바느질한다

C-e 리본 밴딩 스커트 ▶ p.40

재료
겉감(코튼론) 110cm폭×310cm
접착테이프(앞스커트 주머니 입구용) 1.5cm폭×40cm
고무줄 0.6cm폭 약 130cm~150cm

완성 사이즈 (7호 / 9호 / 11호 / 13호)
허리둘레 약 65cm / 68cm / 71cm / 74cm,
허리둘레(최대) 200cm,
스커트길이 66.5cm

재단 배치도

＊지정 이외의 시접은 1cm
▨ 는 안에 접착테이프를 붙인다

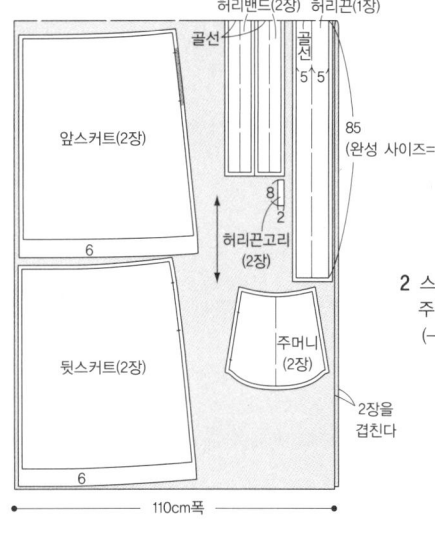

실물크기 패턴 C, D면

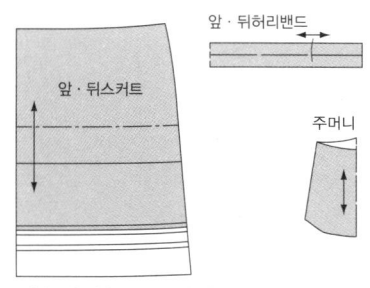

※허리끈과 허리끈고리의 패턴은 재단 배치도의 치수를
참고하여 직접 제도합니다

만드는 방법 (1~8)

준비 : 스커트의 앞 · 뒤중심과 옆선, 주머니 입구
시접을 지그재그봉제 또는 오버록 처리한다

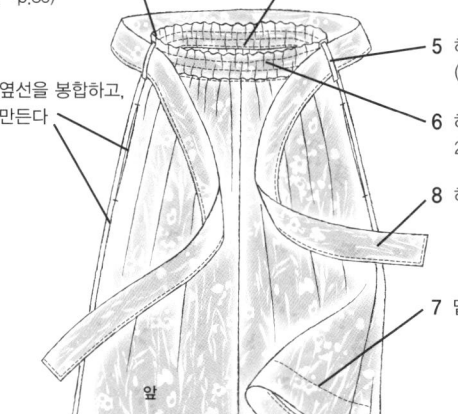

3 허리밴드의 옆선을 봉합한다
(→p.85)

4 스커트와 허리밴드를
봉합한다(→p.85)

5 허리끈고리를 만들어 단다
(→p.85)

2 스커트의 옆선을 봉합하고,
주머니를 만든다
(→p.78)

6 허리밴드에 고무줄을
2개 끼워 넣는다(→p.85)

8 허리끈을 만든다(→p.85)

7 밑단의 시접을 두 번 접어 상침한다

1 앞 · 뒤중심을 봉합하고,
시접은 가름솔한다

! POINT
미싱실과 미싱바늘

● 원단에 맞춰 실과 바늘을 고릅니다
원단의 두께와 소재에 따라, 그에 맞는 미싱실과 미싱바늘을
사용해야 합니다. 얇은 원단(코튼론, 폴리에스테르)에는 90수
미싱실과 9호 미싱바늘을 사용하고, 보통 두께의 원단(린넨,
코튼, 울)에는 60수 미싱실과 11호 미싱바늘을 사용합니다.

● 다양한 색상과 무늬의 원단에 맞는 미싱실 고르는 방법
원단과 같은 색상의 실을 고르는 것이 가장 일반적이지만,
색상과 무늬가 다양한 경우에는 원단에 많이 쓰인 색상의 미
싱실을 고르거나, 원단 위에 실을 직접 올려 놓았을 때, 가
장 잘 어울리는 색상의 실을 고르는 것이 좋습니다.

3 허리밴드의 옆선을 봉합한다

앞·뒤허리밴드를 걸끼리 맞대어
옆선을 봉합하고, 시접은 가름솔한다

앞허리밴드(안)

왼쪽 옆선

고무줄 통로 입구를 2.4cm
남겨두고 봉합한다

되돌아박기

뒤허리밴드
(안)

오른쪽 옆선

4 스커트와 허리밴드를 봉합한다

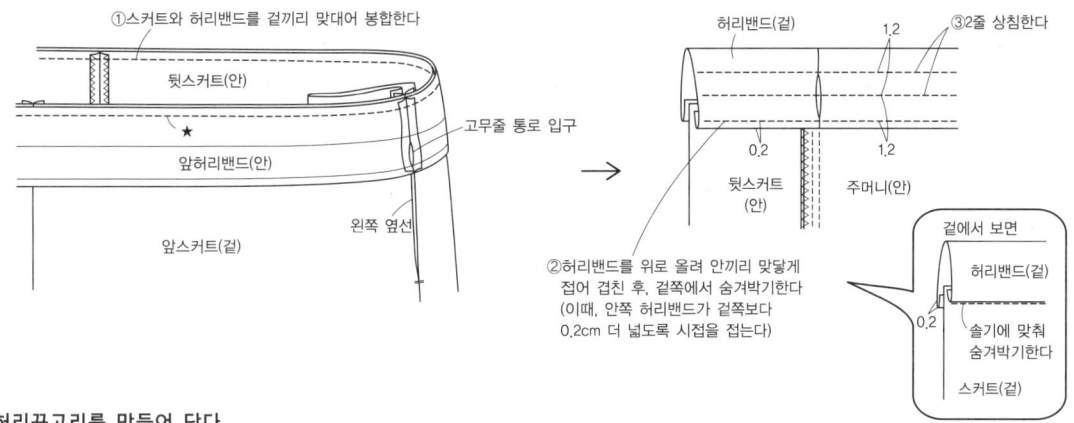

①스커트와 허리밴드를 걸끼리 맞대어 봉합한다

뒷스커트(안)

★

앞허리밴드(안)

고무줄 통로 입구

앞스커트(겉)

왼쪽 옆선

허리밴드(겉)

1.2

③2줄 상침한다

0.2

뒷스커트
(안)

1.2

주머니(안)

②허리밴드를 위로 올려 안끼리 맞닿게
접어 겹친 후, 겉쪽에서 숨겨박기한다
(이때, 안쪽 허리밴드가 겉쪽보다
0.2cm 더 넓도록 시접을 접는다)

겉에서 보면

허리밴드(겉)

0.2

솔기에 맞춰
숨겨박기한다

스커트(겉)

5 허리끈고리를 만들어 단다

허리끈고리(겉)

①반으로 접는다

②접음선을 펼친 후, 펼친 선을
기준으로 양쪽 시접을 접는다

①의 접음선

③①의 접음선에 맞춰 반으로 접은 후,
한쪽 끝을 상침한다

0.5

8

④허리끈고리의 양 끝을 1cm 접어
양쪽 옆선에 고정봉합한다

6

2~3회 되돌아박기한다

뒷스커트

앞스커트(겉)

8 허리끈을 만든다

③접음

②접음

허리끈(안)

①접음

④반으로 접는다

허리끈(겉)

허리끈(겉)

⑤양쪽 끝 시접은
안쪽으로 접어 넣는다

허리끈(겉)

⑥상침

6 허리밴드에 고무줄을 2개 끼워 넣는다

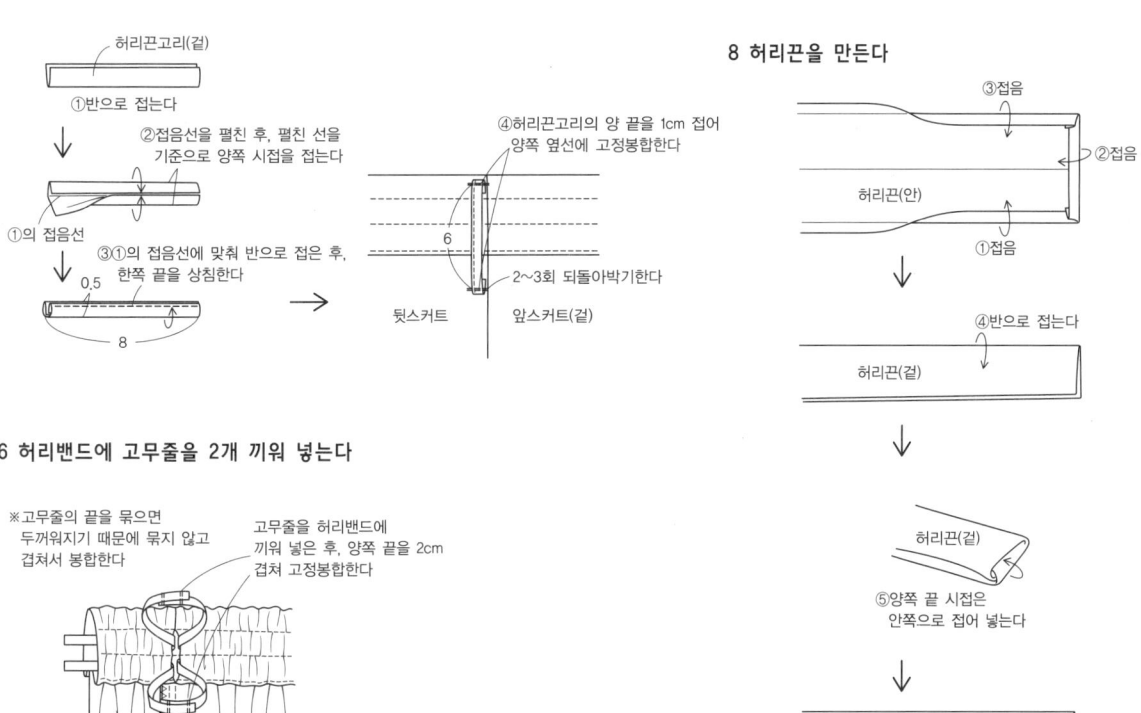

※고무줄의 끝을 묶으면
두꺼워지기 때문에 묶지 않고
겹쳐서 봉합한다

고무줄을 허리밴드에
끼워 넣은 후, 양쪽 끝을 2cm
겹쳐 고정봉합한다

뒷스커트
(안)

주머니(안)

C-f 미니 스커트 ▸ p.42

재료

겉감(폴리에스테르 태피터) 152cm폭×170cm
얇은 접착심(앞허리밴드용)10×40cm
접착테이프(앞스커트 주머니 입구용) 1.5cm폭×40cm
고무줄 3.5cm폭 7호 33cm / 9호 36cm /
11호 39cm / 13호 42cm

완성 사이즈 (7호 · 9호 · 11호 · 13호)

허리둘레 약 65cm / 68cm / 71cm / 74cm,
허리둘레(최대) 132.5cm / 134cm / 135.5cm / 137cm,
스커트길이 44.5cm

재단 배치도

＊지정 이외의 시접은 1cm
▨는 안에 접착심, 접착테이프를 붙인다

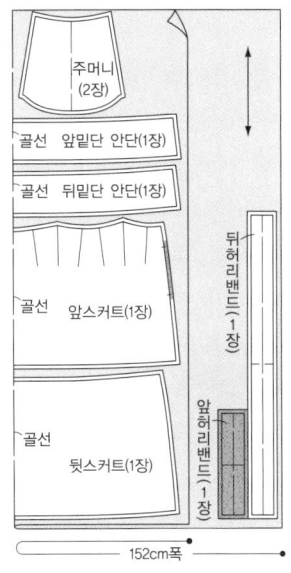

실물크기 패턴 C, D면

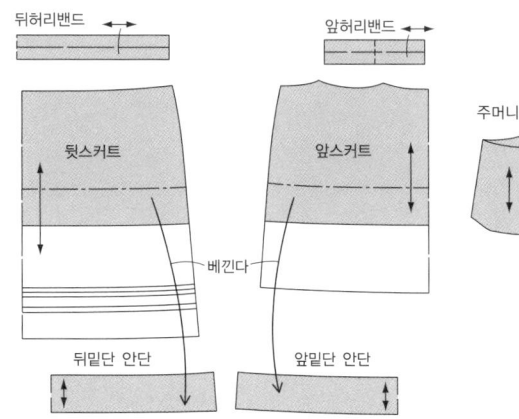

만드는 방법 (1~6)

준비 : 스커트의 앞·뒤중심과 옆선, 주머니 입구 시접을
지그재그봉제 또는 오버록 처리한다

1 앞스커트의 턱을 접는다
(→p.78)

2 스커트의 옆선을 봉합하고,
주머니를 만든다(→p.78)

6 스커트와 허리밴드를 봉합하고,
고무줄을 끼워 넣는다(→p.79)

5 허리밴드의 옆선을 봉합한다
(→p.79)

3 밑단 안단의 옆선을 봉합한다(→p.86)

4 스커트와 밑단 안단을 봉합한다(→p.86)

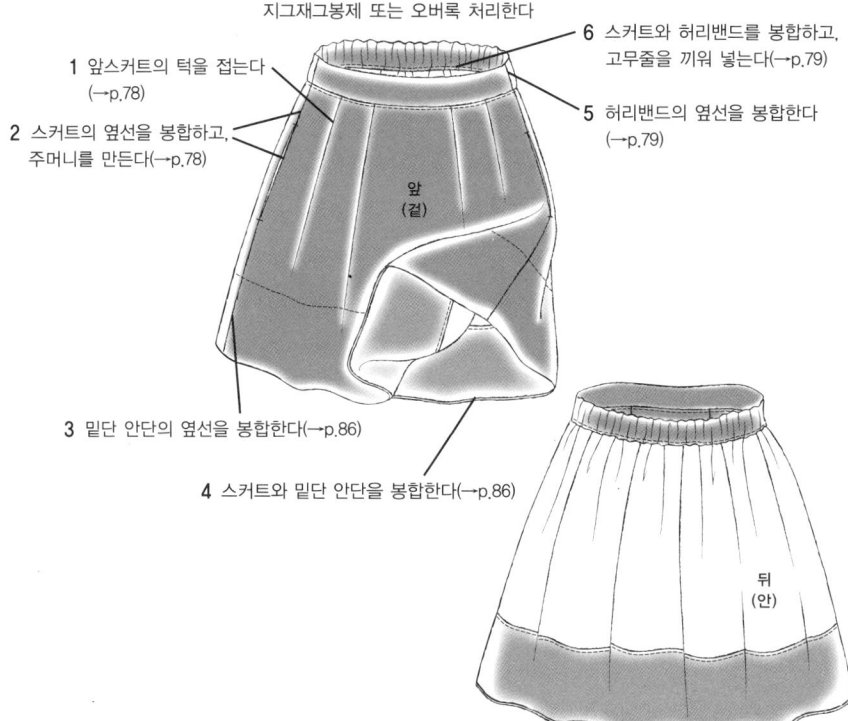

3 밑단 안단의 옆선을 봉합한다
4 스커트와 밑단 안단을 봉합한다

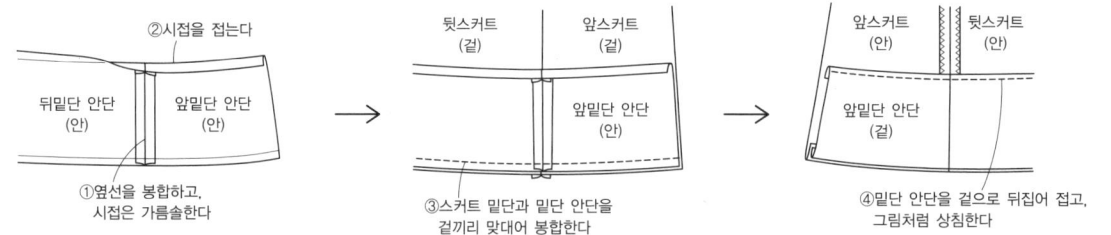

②시접을 접는다

뒤밑단 안단
(안)

앞밑단 안단
(안)

①옆선을 봉합하고,
시접은 가름솔한다

뒷스커트
(겉)

앞스커트
(겉)

앞밑단 안단
(안)

③스커트 밑단과 밑단 안단을
겉끼리 맞대어 봉합한다

앞스커트
(안)

뒷스커트
(안)

앞밑단 안단
(겉)

④밑단 안단을 겉으로 뒤집어 접고,
그림처럼 상침한다

C-g 2way 스커트 ▶ p.43

재료
겉감(폴리에스테르 체크) 148cm폭×200cm
안감(하프린넨) 148cm폭×180cm
접착테이프(앞스커트 주머니 입구용) 1.5cm폭×80cm
고무줄 0.6cm폭 약 130~150cm

완성 사이즈 (7호 / 9호 / 11호 / 13호)
허리둘레 약 65cm / 68cm / 71cm / 74cm,
허리둘레(최대) 200cm,
겉(체크) 스커트길이 71cm,
안(무지) 스커트길이 73cm

실물크기 패턴 C, D면

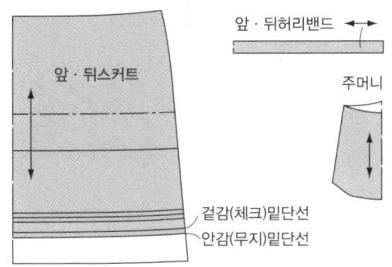

앞·뒤허리밴드
앞·뒤스커트
주머니
겉감(체크)밑단선
안감(무지)밑단선

재단 배치도
＊지정 이외의 시접은 1cm
　　는 안에 접착테이프를 붙인다

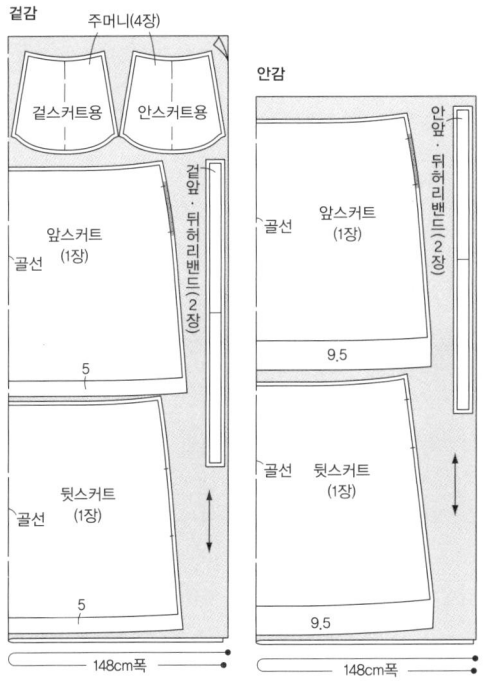

겉감
주머니(4장)
겉스커트용　안스커트용
앞스커트(1장)
골선
겉앞·뒤허리밴드(2장)
5
뒷스커트(1장)
골선
5
148cm폭

안감
앞스커트(1장)
골선
9.5
안앞·뒤허리밴드(2장)
뒷스커트(1장)
골선
9.5
148cm폭

만드는 방법 (1~7)
준비 : 스커트 옆선과 주머니 입구 시접을
　　　 지그재그봉제 또는 오버록 처리한다

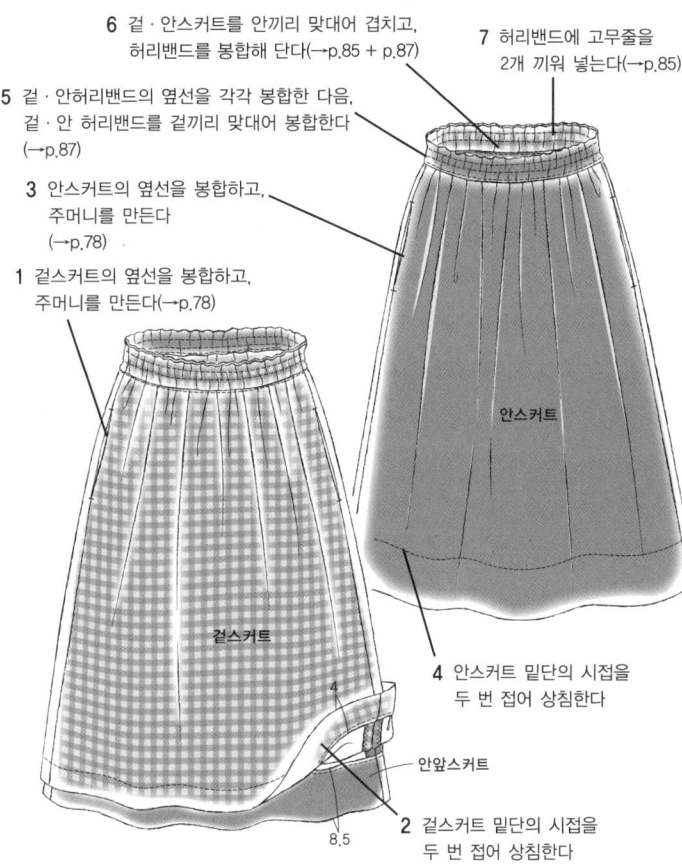

6 겉·안스커트를 안끼리 맞대어 겹치고,
　허리밴드를 봉합해 단다(→p.85 + p.87)

7 허리밴드에 고무줄을
　2개 끼워 넣는다(→p.85)

5 겉·안허리밴드의 옆선을 각각 봉합한 다음,
　겉·안 허리밴드를 겉끼리 맞대어 봉합한다
　(→p.87)

3 안스커트의 옆선을 봉합하고,
　주머니를 만든다
　(→p.78)

1 겉스커트의 옆선을 봉합하고,
　주머니를 만든다(→p.78)

안스커트

겉스커트

4 안스커트 밑단의 시접을
　두 번 접어 상침한다

안앞스커트

4

8.5

2 겉스커트 밑단의 시접을
　두 번 접어 상침한다

5 겉·안허리밴드의 옆선을 각각 봉합한 다음, 겉·안 허리밴드를 겉끼리 맞대어 봉합한다

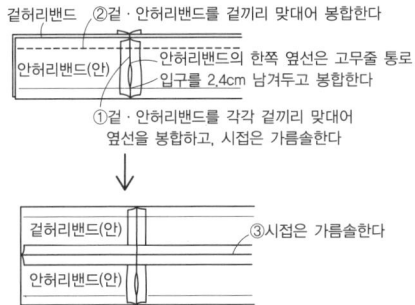

겉허리밴드　②겉·안허리밴드를 겉끼리 맞대어 봉합한다
안허리밴드(안)
안허리밴드의 한쪽 옆선은 고무줄 통로
입구를 2.4cm 남겨두고 봉합한다
①겉·안허리밴드를 각각 겉끼리 맞대어
옆선을 봉합하고, 시접은 가름솔한다

겉허리밴드(안)
③시접은 가름솔한다
안허리밴드(안)

6 겉·안스커트를 안끼리 맞대어 겹치고, 허리밴드를 봉합해 단다

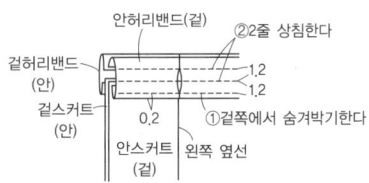

안허리밴드(겉)
②2줄 상침한다
겉허리밴드(안)
1.2
겉스커트(안)
1.2
0.2
①겉쪽에서 숨겨박기한다
안스커트(겉)
왼쪽 옆선

D-a 캐미솔 원피스 ▶ p.48

재료
겉감(린넨) 110cm폭×240cm
접착테이프(목둘레, 소매둘레, 앞스커트 주머니 입구용)
1.5cm폭×200cm

완성 사이즈
가슴둘레 97cm, 옷길이 105cm

재단 배치도

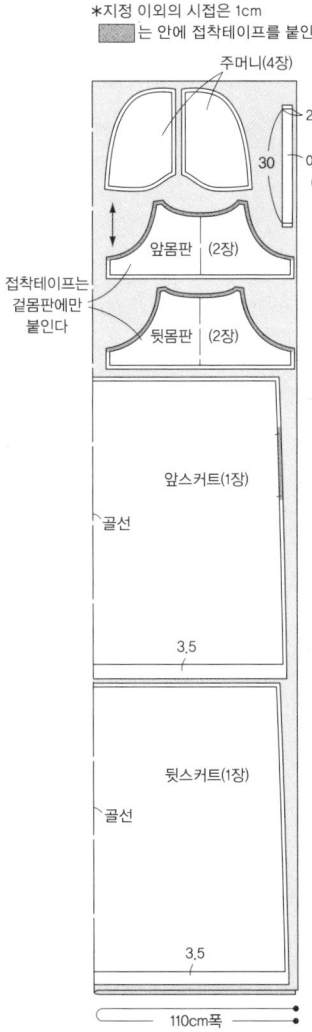

＊지정 이외의 시접은 1cm
▨는 안에 접착테이프를 붙인다

주머니(4장)

2.8

30

어깨끈
(2장)

접착테이프는
겉몸판에만
붙인다

앞몸판 (2장)

뒷몸판 (2장)

앞스커트(1장)

골선

3.5

뒷스커트(1장)

골선

3.5

110cm폭

실물크기 패턴 C, D면

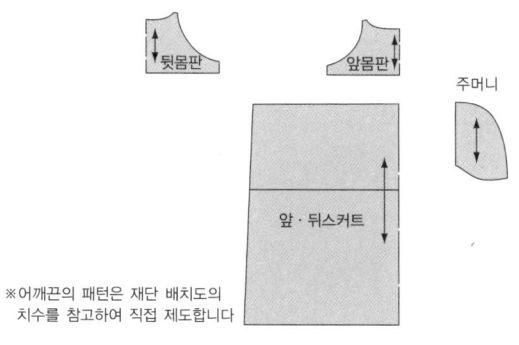

뒷몸판

앞몸판

주머니

앞 · 뒤스커트

※어깨끈의 패턴은 재단 배치도의
치수를 참고하여 직접 제도합니다

만드는 방법 (1~7)
준비 : 스커트 옆선과 주머니 입구 시접을
지그재그봉제 또는 오버록 처리한다

1 어깨끈을 만든다(→p.89)

2 앞몸판의 목둘레와 소매둘레를 봉합한다
(→p.89)

3 뒷몸판의 목둘레와
소매둘레를 봉합한다(→p.90)

4 겉 · 안몸판의 옆선을
한 번에 이어서 봉합한다(→p.90)

5 스커트의 옆선을 봉합하고,
주머니를 만든다(→p.63)

6 스커트에 주름을 잡고,
몸판과 맞춰 봉합한다(→p.90)

앞

3.5

7 밑단 시접의 끝을 지그재그봉제 또는
오버록 처리한 후, 시접은 접어서
공그르기로 정리한다

뒤

1 어깨끈을 만든다

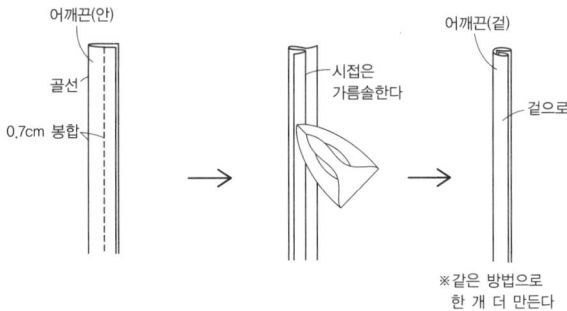

어깨끈(안)

골선

0.7cm 봉합

시접은 가름솔한다

어깨끈(겉)

겉으로 뒤집어 다린다

※같은 방법으로 한 개 더 만든다

2 앞몸판의 목둘레와 소매둘레를 봉합한다

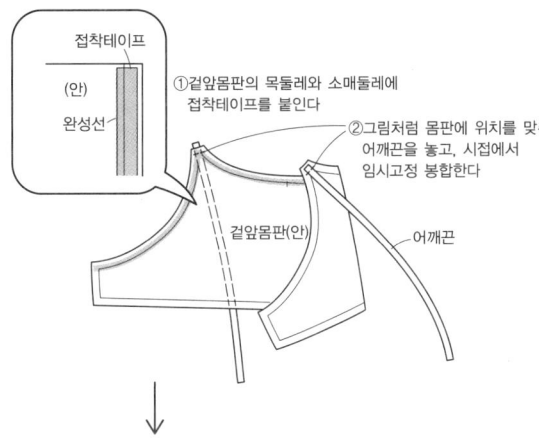

접착테이프

(안)

완성선

①겉앞몸판의 목둘레와 소매둘레에 접착테이프를 붙인다

②그림처럼 몸판에 위치를 맞춰 어깨끈을 놓고, 시접에서 임시고정 봉합한다

겉앞몸판(안)

어깨끈

③겉·안앞몸판을 겉끼리 맞대고, 목둘레와 소매둘레를 한 번에 이어서 봉합한다

④ 가윗집을 준다

겉앞몸판(안)

완성선까지

완성선까지

안앞몸판(겉)

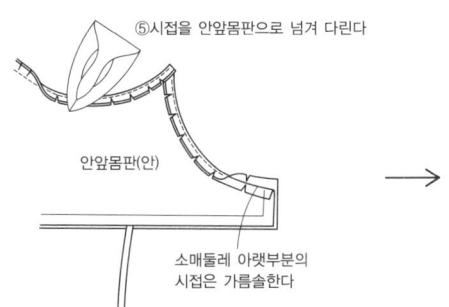

⑤시접을 안앞몸판으로 넘겨 다린다

안앞몸판(안)

소매둘레 아랫부분의 시접은 가름솔한다

! **POINT**
● **접착테이프에 대하여**

접착테이프는 한쪽면에 접착제가 묻어있는 것으로, 원하는 곳에 접착테이프를 올려놓고 다리미로 다려서 접착합니다. 봉제하는 과정에서 늘어나기 쉬운 목둘레나 소매둘레, 주머니 입구 등에 접착테이프를 붙여주면 원단의 늘어남이 방지되기 때문에 작품의 완성도를 한층 높일 수 있습니다.

● **목둘레와 소매둘레에 접착테이프를 붙인다**

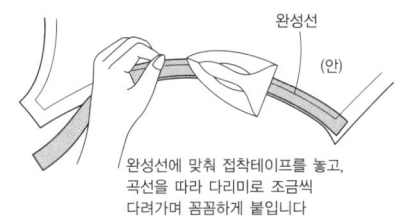

완성선

(안)

완성선에 맞춰 접착테이프를 놓고, 곡선을 따라 다리미로 조금씩 다려가며 꼼꼼하게 붙입니다

● **주머니 입구에 접착테이프를 붙인다**

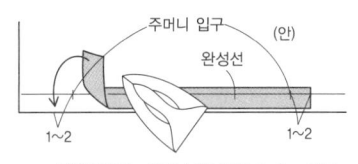

주머니 입구

(안)

완성선

1~2

1~2

접착테이프는 주머니 입구보다 1~2cm 정도 더 길게 붙입니다

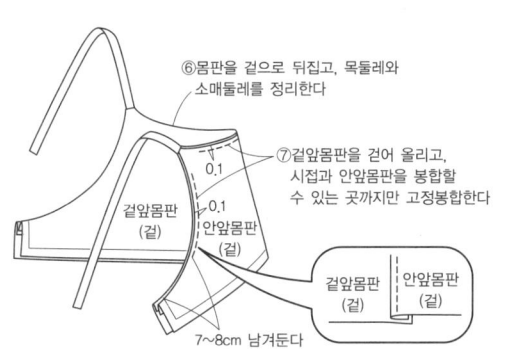

⑥몸판을 겉으로 뒤집고, 목둘레와 소매둘레를 정리한다

⑦겉앞몸판을 걷어 올리고, 시접과 안앞몸판을 봉합할 수 있는 곳까지만 고정봉합한다

0.1

0.1

겉앞몸판(겉)

안앞몸판(겉)

겉앞몸판(겉)

안앞몸판(겉)

7~8cm 남겨둔다

3 뒷몸판의 목둘레와 소매둘레를 봉합한다

①겉·안뒷몸판을 겉끼리 맞대고
사이에 어깨끈을 끼운 다음, 목둘레와
소매둘레를 한 번에 이어서 봉합한다

②가윗집을 준다

겉뒷몸판(안)

완성선까지

완성선까지

안뒷몸판(겉)

겉앞몸판(겉)

안앞몸판
(안)

7〜8cm 남겨둔다

안뒷몸판
(겉)

겉뒷몸판
(겉)

0.1

③겉으로 뒤집고, 안뒷몸판의 목둘레와
소매둘레 시접을 고정봉합한다
(p.89 앞몸판 봉합방법의
⑤〜⑦과정과 동일)

0.1

겉앞몸판(겉)

안앞몸판
(안)

4 겉·안몸판의 옆선을 한 번에 이어서 봉합한다

안뒷몸판

①안앞·뒤몸판을 위로
올려 그림처럼 겉끼리 맞댄다

②겉·안몸판의 옆선을
한 번에 이어서 봉합한다

안앞몸판(안)

겉앞몸판(안)

겉뒷몸판

안앞몸판(겉)

안뒷몸판(겉)

겉앞몸판(안)

겉뒷몸판(안)

③시접은 가름솔한다

6 스커트에 주름을 잡고, 몸판과 맞춰 봉합한다

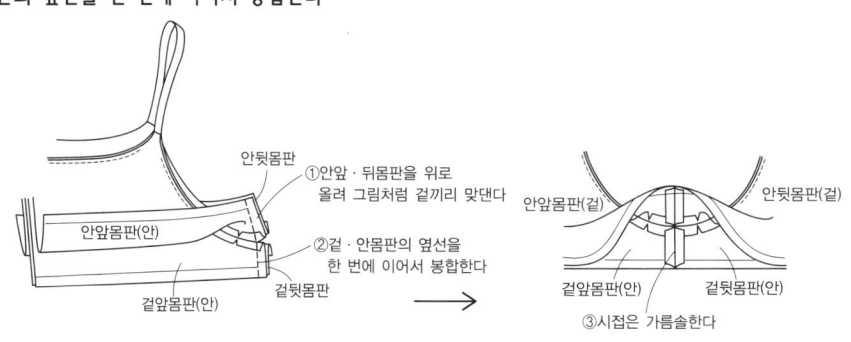

①완성선의 위아래를 큰땀으로 2줄 봉제한다
※주름을 잡기 쉽도록 앞뒤를 나누어 봉제한다

실을 남기고 자른다

0.5

0.2

완성선

앞스커트(안)

뒷스커트(안)

※큰 땀 봉제란? 주름을 잡기 위해 바늘땀의 길이를 최대로 하여 봉제하는 것

뒷스커트(안)

앞스커트(안)

②앞·뒤에 봉제된 실 2줄을
각각 당겨가며 몸판 길이에
맞춰 주름을 잡는다

③시접 부분의 주름을
눌러 다린다

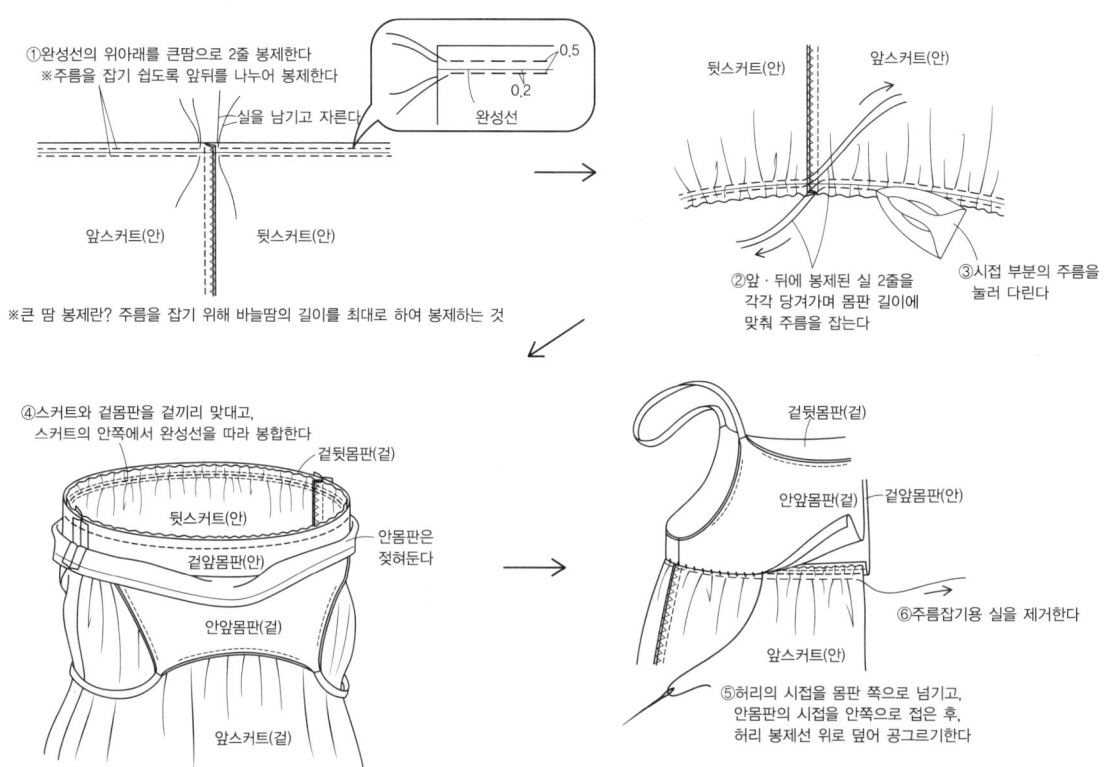

④스커트와 겉몸판을 겉끼리 맞대고,
스커트의 안쪽에서 완성선을 따라 봉합한다

겉뒷몸판(겉)

뒷스커트(안)

겉앞몸판(안)

안몸판은
젖혀둔다

안앞몸판(겉)

앞스커트(겉)

겉뒷몸판(겉)

안앞몸판(겉)

겉앞몸판(안)

⑥주름잡기용 실을 제거한다

앞스커트(안)

⑤허리의 시접을 몸판 쪽으로 넘기고,
안몸판의 시접을 안쪽으로 접은 후,
허리 봉제선 위로 덮어 공그르기한다

D-b 캐미솔 블라우스 ▶ p.50

재료
겉감(폴리에스테르) 110cm폭×90cm
안감(폴리에스테르) 110cm폭×90cm
접착테이프(목둘레, 소매둘레용) 1.5cm폭×160cm
바이어스테이프(어깨끈용) 0.6cm폭×120cm

완성 사이즈
가슴둘레 97cm, 옷길이 60.5cm

재단 배치도

＊지정 이외의 시접은 1cm
■는 안에 접착테이프를 붙인다

겉감, 안감(공통)

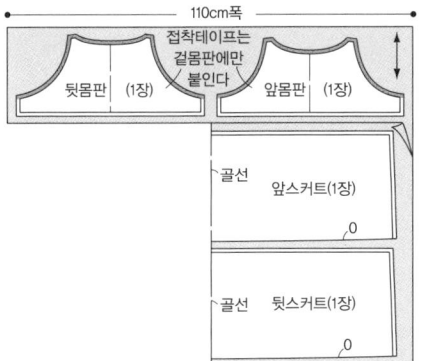

실물크기 패턴 C면

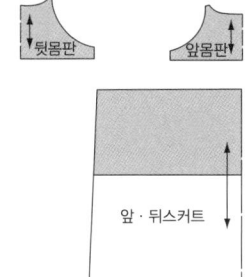

만드는 방법 (1~7)

준비 : 겉·안스커트의 옆선 시접을 지그재그봉제 또는 오버록 처리한다

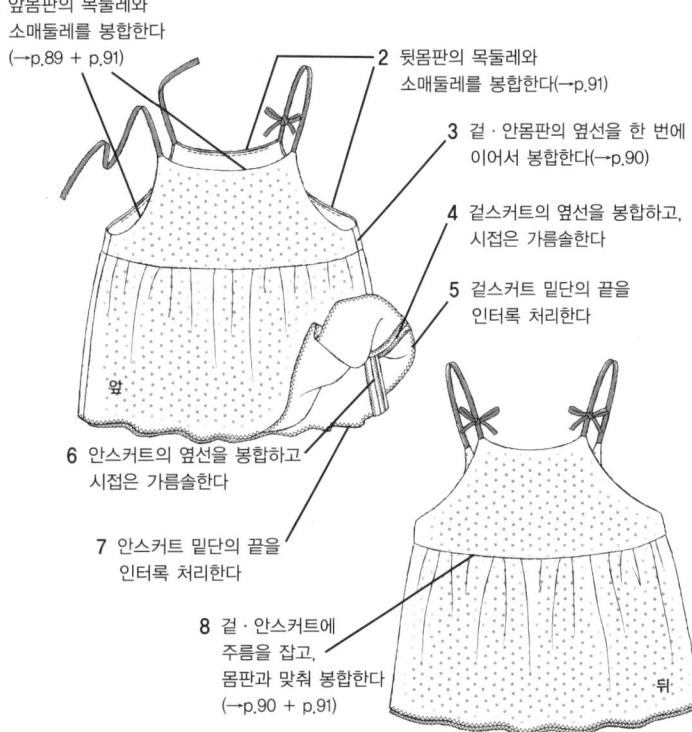

1 앞몸판의 목둘레와 소매둘레를 봉합한다
(→p.89 + p.91)

2 뒷몸판의 목둘레와 소매둘레를 봉합한다(→p.91)

3 겉·안몸판의 옆선을 한 번에 이어서 봉합한다(→p.90)

4 겉스커트의 옆선을 봉합하고, 시접은 가름솔한다

5 겉스커트 밑단의 끝을 인터록 처리한다

6 안스커트의 옆선을 봉합하고 시접은 가름솔한다

7 안스커트 밑단의 끝을 인터록 처리한다

8 겉·안스커트에 주름을 잡고, 몸판과 맞춰 봉합한다
(→p.90 + p.91)

1 앞몸판의 목둘레와 소매둘레를 봉합한다
2 뒷몸판의 목둘레와 소매둘레를 봉합한다

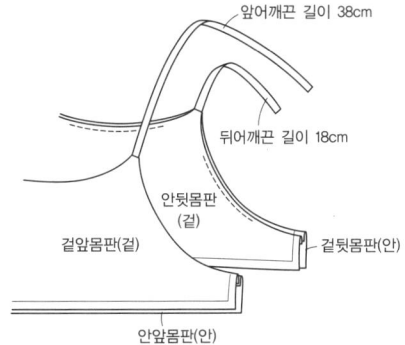

8 겉·안스커트에 주름을 잡고, 몸판과 맞춰 봉합한다

겉·안스커트를 안끼리 맞대어
2장 함께 큰 땀으로 2줄 봉합한 후,
실을 당겨 주름을 잡는다

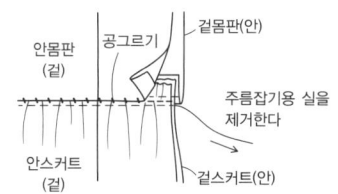

E-a 드레이프 재킷 ▸ p.52

재료
겉감(더블거즈) 110cm폭×270cm

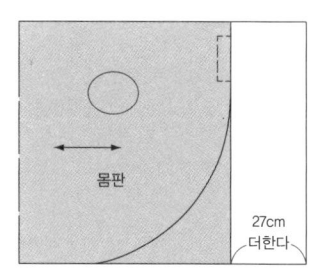

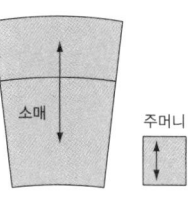

완성 사이즈
몸판은 프리 사이즈, 앞길이 약85cm, 소매길이 56cm
※소매는 9호와 13호 두 가지 사이즈의 패턴으로
수록되어 있습니다

실물크기 패턴 D면

몸판
27cm
더한다
소매
주머니

만드는 방법 (1~5)
준비 : 소매 아래의 시접을 지그재그봉제 또는 오버록 처리한다

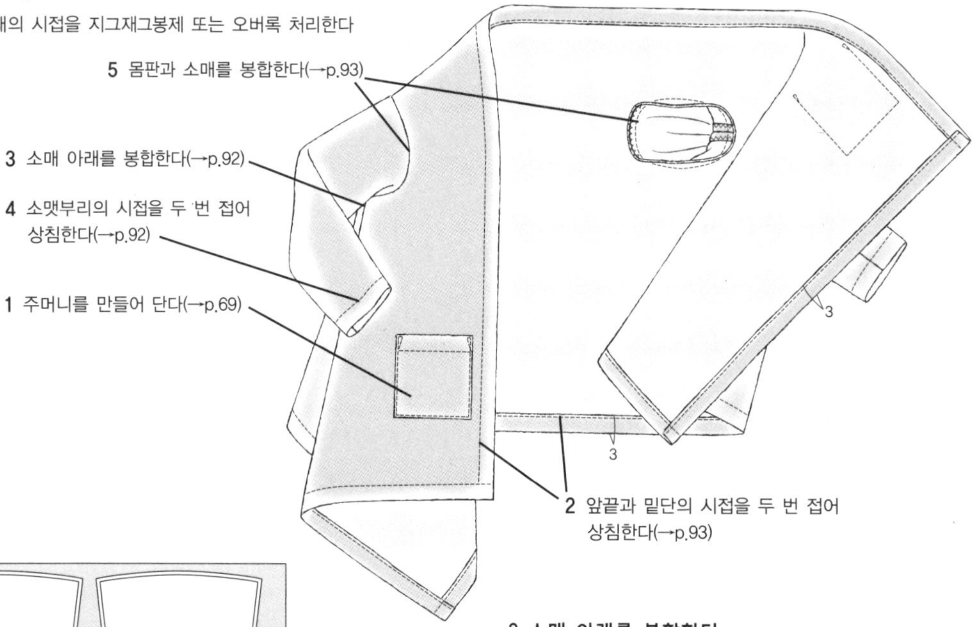

5 몸판과 소매를 봉합한다(→p.93)
3 소매 아래를 봉합한다(→p.92)
4 소맷부리의 시접을 두 번 접어 상침한다(→p.92)
1 주머니를 만들어 단다(→p.69)
3
3
2 앞끝과 밑단의 시접을 두 번 접어 상침한다(→p.93)

재단 배치도

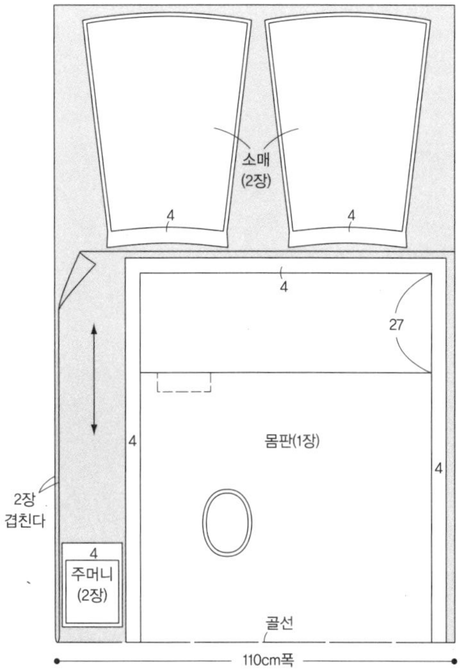

소매
(2장)
4
4
4
27
몸판(1장)
4
4
2장
겹친다
4
주머니
(2장)
골선
110cm폭

*지정 이외의 시접은 1cm

3 소매 아래를 봉합한다
4 소맷부리의 시접을 두 번 접어 상침한다

①겉끼리 맞닿게
접어 소매 아래를
봉합한다
소매(안)
②소매 아래의 시접은
가름솔한다
소매
(안)
3
※봉합방법은
팬츠의 밑단과
동일. p.70 참고
③소맷부리의 시접을 두 번 접어 상침한다

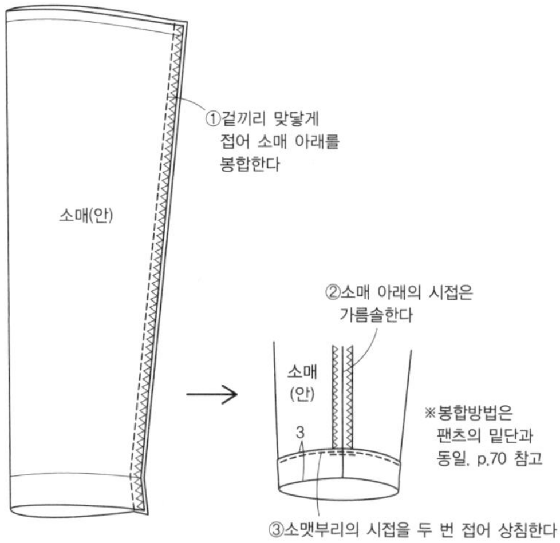

2 앞끝과 밑단의 시접을 두 번 접어 상침한다

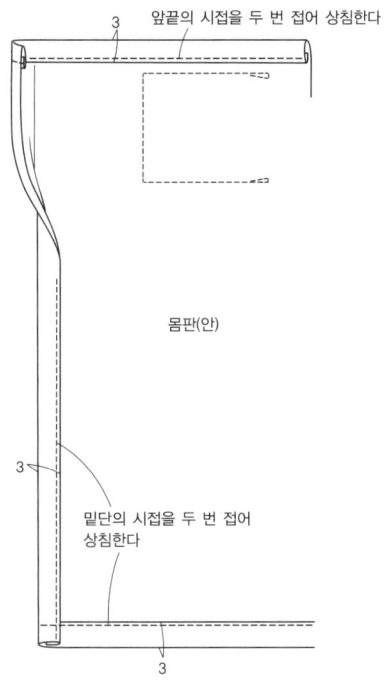

앞끝의 시접을 두 번 접어 상침한다

3

몸판(안)

3

밑단의 시접을 두 번 접어 상침한다

3

! POINT
시접을 깔끔하게 두 번 접는 방법

시접을 두 번 접어 깔끔하게 마무리하는 방법을 소개합니다. 시접을 접어야 하는 위치에 맞춰 미리 가이드라인을 그린 다음, 원단 끝을 가이드라인에 맞춰 접어 다리면 깔끔하게 완성됩니다.

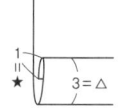

1
★
3 = △

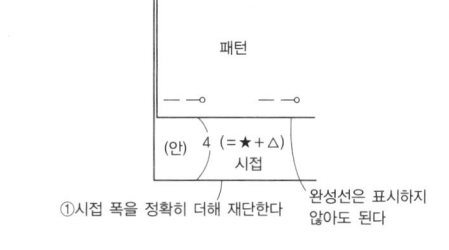

패턴

(안)   4 (= ★ + △)
시접

①시접 폭을 정확히 더해 재단한다

완성선은 표시하지 않아도 된다

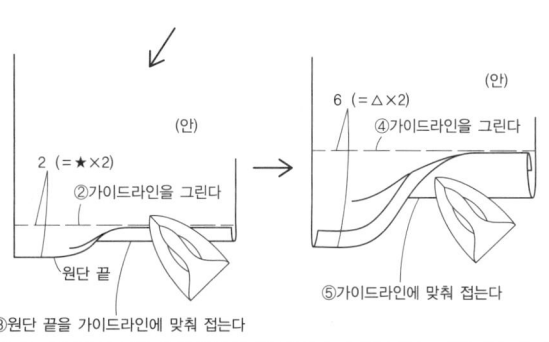

(안)

2 (= ★ × 2)
②가이드라인을 그린다

원단 끝

③원단 끝을 가이드라인에 맞춰 접는다

(안)

6 (= △ × 2)
④가이드라인을 그린다

⑤가이드라인에 맞춰 접는다

5 몸판과 소매를 봉합한다

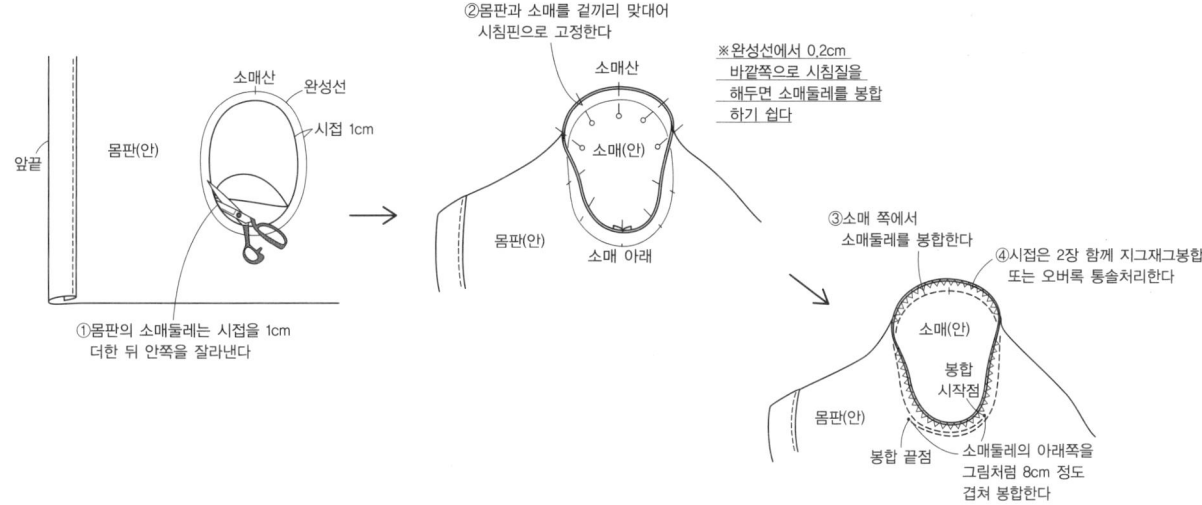

앞끝

몸판(안)

소매산   완성선
시접 1cm

①몸판의 소매둘레는 시접을 1cm 더한 뒤 안쪽을 잘라낸다

②몸판과 소매를 겉끼리 맞대어 시침핀으로 고정한다

소매산

소매(안)

몸판(안)

소매 아래

※완성선에서 0,2cm 바깥쪽으로 시침질을 해두면 소매둘레를 봉합하기 쉽다

③소매 쪽에서 소매둘레를 봉합한다

④시접은 2장 함께 지그재그봉합 또는 오버록 통솔처리한다

소매(안)

봉합 시작점

몸판(안)

봉합 끝점

소매둘레의 아래쪽을 그림처럼 8cm 정도 겹쳐 봉합한다

E-b 울 드레이프 재킷 ▶ p.54

재료
겉감(울) 150cm폭×210cm
면테이프(허리벨트용) 3cm폭×220cm

완성 사이즈
몸판은 프리 사이즈, 앞길이 약85cm, 소매길이 56cm
※소매는 9호와 13호 두 가지 사이즈의 패턴으로
　수록되어 있습니다

실물크기 패턴 D면

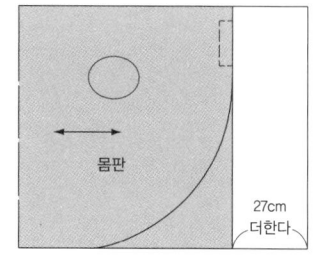
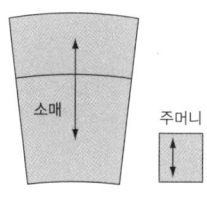

27cm
더한다

몸판

소매

주머니

만드는 방법 (1~5)
준비 : 소매 아래의 시접을 지그재그봉제 또는 오버록 처리한다

재단 배치도

＊지정 이외의 시접은 1cm

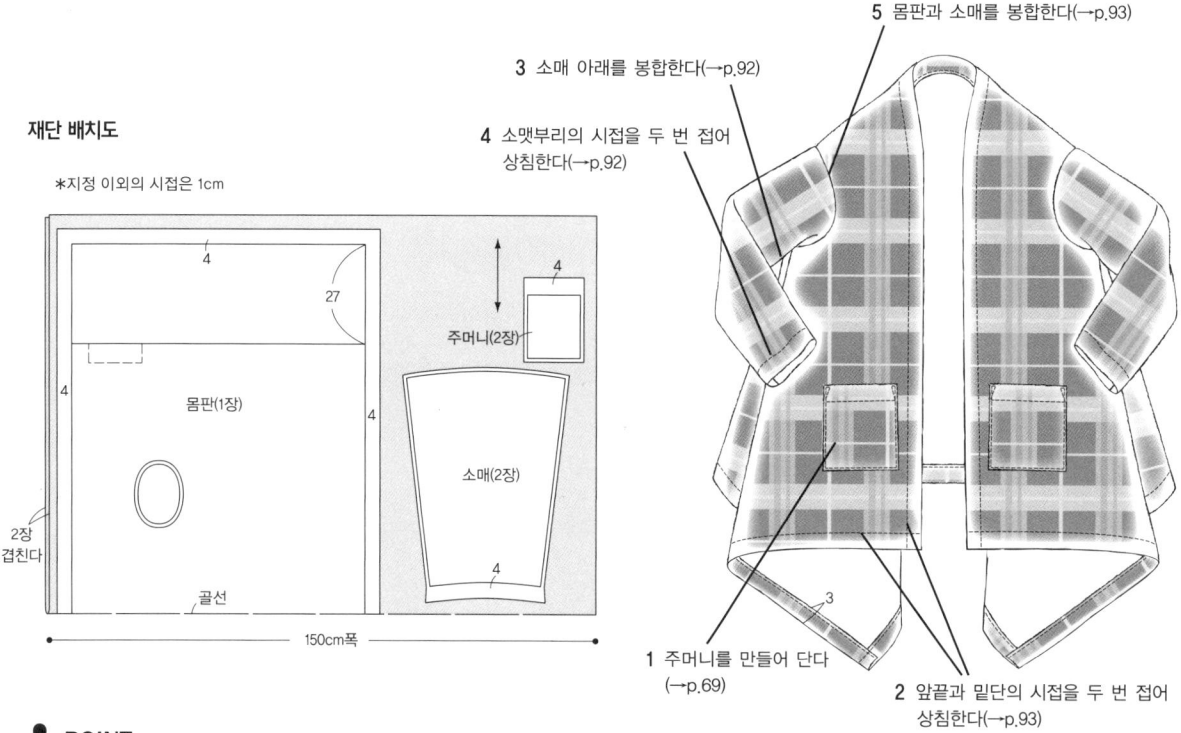

5 몸판과 소매를 봉합한다(→p.93)

3 소매 아래를 봉합한다(→p.92)

4 소맷부리의 시접을 두 번 접어
　상침한다(→p.92)

1 주머니를 만들어 단다
　(→p.69)

2 앞끝과 밑단의 시접을 두 번 접어
　상침한다(→p.93)

4

4

27

주머니(2장)

몸판(1장)

소매(2장)

4

4

2장
겹친다

골선

150cm폭

3

! POINT
모서리 시접 깔끔하게 정리하기

모서리 시접을 깔끔하게 정리하는 방법을 소개합니다. 시접을 두 번
접어 마무리할 때는 액자 모양으로 만들면 깔끔하게 정리됩니다.

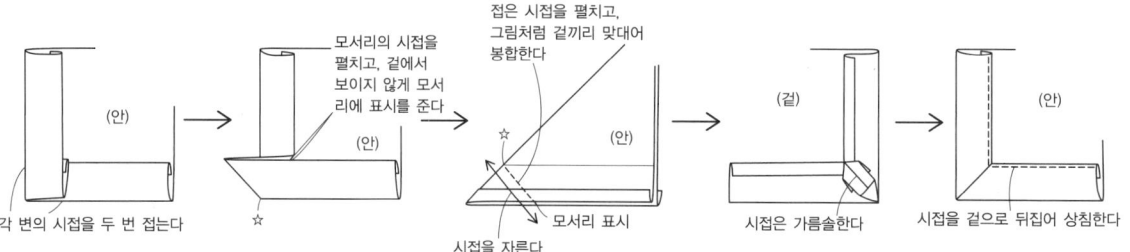

(안)

각 변의 시접을 두 번 접는다

모서리의 시접을
펼치고, 겉에서
보이지 않게 모서
리에 표시를 준다

(안)

☆

접은 시접을 펼치고,
그림처럼 겉끼리 맞대어
봉합한다

☆

(안)

모서리 표시

시접을 자른다

(겉)

시접은 가름솔한다

(안)

시접을 겉으로 뒤집어 상침한다

E-c 레이스 숏재킷 ▶ p.55

재료
겉감(코튼 브로드) 110cm폭×180cm
레이스 4.8cm폭×310cm, 1.8cm폭×90cm

완성 사이즈
몸판은 프리 사이즈, 앞길이 약58cm, 소매길이 20cm
※소매는 9호와 13호 두 가지 사이즈의 패턴으로
　수록되어 있습니다

재단 배치도

실물크기 패턴 D면

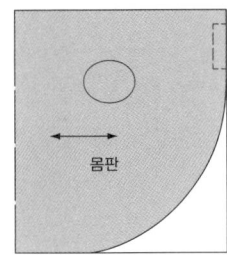
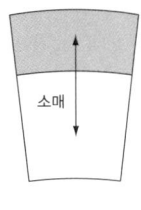

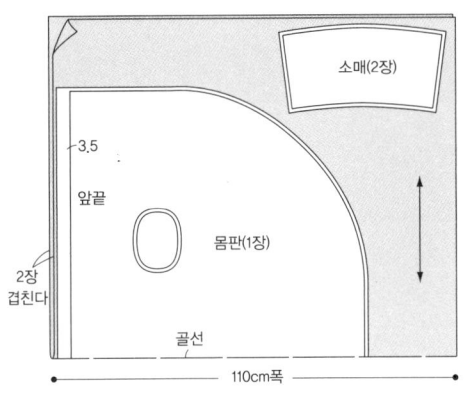

＊지정 이외의 시접은 1cm

소매(2장)
3.5
앞끝
2장
겹친다
몸판(1장)
골선
110cm폭

만드는 방법 (1~4)
준비 : 소매둘레 이외의 시접을 지그재그봉제 또는 오버록 처리한다

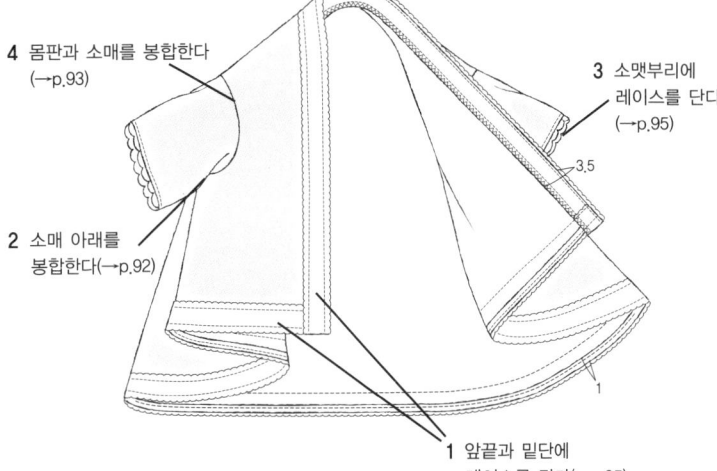

4 몸판과 소매를 봉합한다
(→p.93)

3 소맷부리에
레이스를 단다
(→p.95)

3.5

2 소매 아래를
봉합한다(→p.92)

1 앞끝과 밑단에
레이스를 단다(→p.95)

1

1 앞끝과 밑단에 레이스를 단다

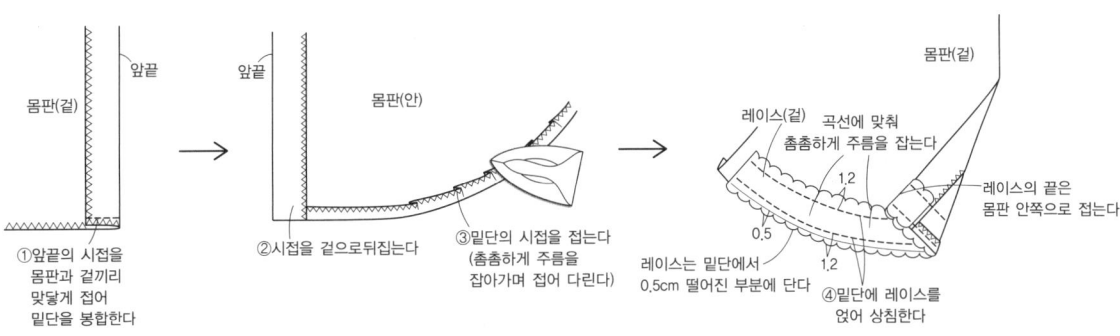

몸판(겉)
앞끝
①앞끝의 시접을
몸판과 겉끼리
맞닿게 접어
밑단을 봉합한다

앞끝
몸판(안)
②시접을 겉으로뒤집는다
③밑단의 시접을 접는다
(촘촘하게 주름을
잡아가며 접어 다린다)

레이스(겉)
곡선에 맞춰
촘촘하게 주름을 잡는다
1.2
0.5
1.2
레이스는 밑단에서
0.5cm 떨어진 부분에 단다
몸판(겉)
레이스의 끝은
몸판 안쪽으로 접는다
④밑단에 레이스를
얹어 상침한다

앞끝
레이스는 앞끝에서
0.5cm 떨어진 부분에 단다
몸판(겉)
1.2
1.2
⑤앞끝에 레이스를
얹어 상침한다
레이스의 끝은
몸판 안쪽으로 접는다

3 소맷부리에 레이스를 단다

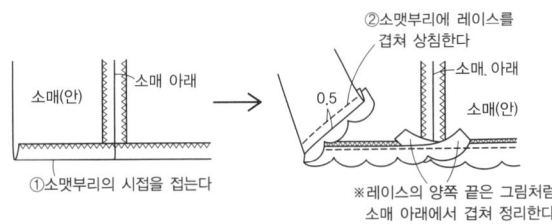

소매(안)
소매 아래
①소맷부리의 시접을 접는다

②소맷부리에 레이스를
겹쳐 상침한다
소매 아래
0.5
소매(안)
※레이스의 양쪽 끝은 그림처럼
소매 아래에서 겹쳐 정리한다

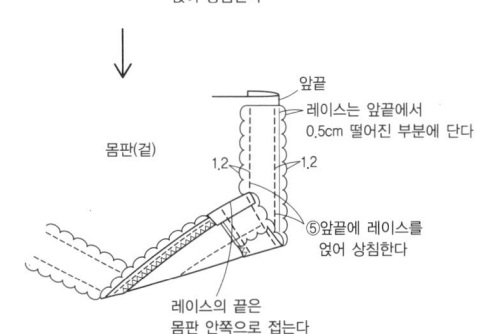

사토 카나 Kana Sato

스타일리스트.
도쿄 출생. 메이지대학 문학부 프랑스문학 전공으로 졸업한 뒤,
스타일리스트 우메야마 히로코씨에게 스타일링을 배우기 시작했다. 그 후 독립하여 잡지나
광고 등을 중심으로 활약하고 있다. 재봉을 좋아하는 것으로 알려져 있으며, 잡지나 워크숍
에서 소개하는 그녀의 핸드메이드 옷은 뛰어난 센스로 사람들에게 좋은 반응을 얻고 있다.
저서로는 [사토 카나씨의 자연스러운 스타일링 입문]이 있다.

스 타 일 링 이 쉬 운
핸드메이드 여성복

1판 1쇄 발행 2016년 07월 14일
1판 2쇄 발행 2017년 08월 04일

발행인   정용효
기획/제작   오하나 국미진 현보경
번역   손수현
편집   최지선
인쇄   웰컴P&P

신고번호   제2016-000002호
신고일자   2016년 01월 26일
발행처   (주)핸디스 소잉스토리
           광주광역시 북구 서암대로 133 (신안동), 3층
대표전화   062_513_8957
팩스   062_522_8827
문의전화   070_8893_9218
홈페이지   www.sewingstory.com

ISBN   979-11-957991-2-1 13590
판매가   15,000원

※ 잘못 인쇄된 책은 구입처에서 교환해 드립니다.
※ 소잉스토리는 소잉 D.I.Y 취미실용서를 출간합니다.
※ 이 제작물은 아모레퍼시픽의 아리따글꼴을 사용하여 디자인 하였습니다.

이 도서의 국립중앙도서관 출판예정도서목록(CIP)은 서지정보유통지원시
스템 홈페이지 (http://seoji.nl.go.kr)와 국가자료공동목록시스템(http://www.
nl.go.kr/kolisnet) 에서 이용하실 수 있습니다. (CIP제어번호:CIP2016016298)

STAFF

발행인 : Sunao Onuma
북 디자인 : Mizuho Hayashi
촬영 : Masahiro Tamura (FREAKS)
스타일링 : Kana Sato
헤어 & 메이크업 : Yoko Yoshikawa
패턴 : Yoshie Haga
제작 협력 : Akiko Sato
만드는 방법 설명 : Noriko Yamamura
추적 : day studio Satomi Dairaku
패턴 그레이딩 : Kazuhiro Ueno
패턴 추적 : AZ1 (Fumiko Shirai)
검토 : Masako Mukai
편집 : Ryoko Shigemori (p.1 ~ 56)
      Yoko Osawa (BUNKA PUBLISHIING BUREAU)

머신 소잉의
기초와 실전

미싱에대하여
원단에대하여

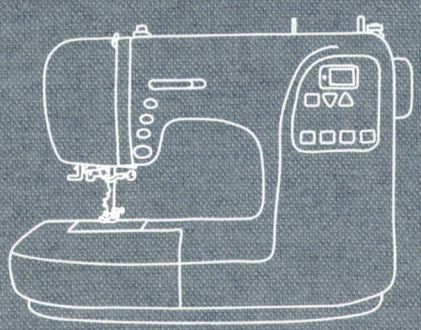

핸디스

NCC미싱의 새로운 친구 "스누피"를 소개합니다.

SNOOPY® CC-9907

" 스누피 " 와 함께
즐거운 소잉생활의 시작

스누피 장점

9종 패턴	자동 실 끼우기 장치	LED 조명	노루발 압력 조절	프리암 기능

VERY GOOD!

©Peanuts

contents

· 본 서적은 **처음하는 머신소잉**의 내용을 일부 발췌하여 사용하였습니다.

· 본 서적의 불법 복제 및 전재를 금합니다.

Part 1 머신소잉의 기초
- 미싱에 대하여

미싱의 종류

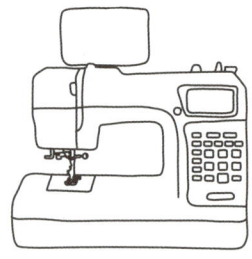

가정용 컴퓨터 미싱

미싱 본체 내부에 컴퓨터 시스템이 장착되어 있어 패턴을 선택하면 봉합 땀 길이와 땀 폭이 패턴에 맞게 자동으로 설정됩니다. 패턴의 조합 및 편집 기능이 있어 다양한 패턴을 취향에 맞게 조합하거나 저장할 수 있습니다. 또한 나만의 세팅 기능이 있어 복잡한 문자나 패턴 등의 자수 작업 시 아주 유용하게 활용할 수 있습니다.

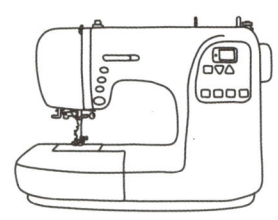

가정용 디지털 미싱

미싱의 메인 보드가 디지털화되어 있어 속도와 봉합 땀 길이는 물론 미세한 땀 폭까지 자유롭게 조절이 가능합니다. 또한 바늘 상하 위치 조절이나 자동 무늬 완성 버튼 등이 있어 보다 편리하고, 빠른 작업을 요하는 작품 제작에 탁월한 성능을 발휘합니다.

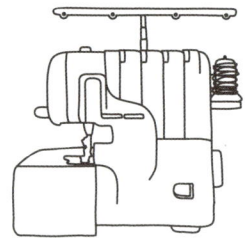

오버록 미싱

단 처리 전용 미싱으로 1~2개의 바늘에 2~4줄의 실을 사용합니다. 봉합과 동시에 여분의 시접을 자동으로 잘라내면서 오버록 봉합을 해주어 일반 가정용 미싱보다 깔끔하고 튼튼한 끝단 처리가 가능합니다.

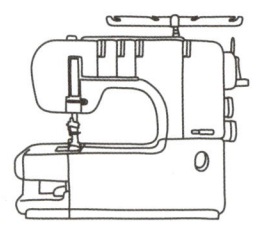

커버스티치 미싱

1~3가지 색상의 실을 활용하여 면 티셔츠나 기타 의상, 소품 등에 장식효과를 주기 위하여 사용합니다. 커버스티치 전용 미싱으로 2~3색의 커버스티치 효과와 더불어 체인스티치 장식이 가능하며, 옵션 노루발을 함께 사용하면 작업시간을 현저하게 줄일 수 있습니다.

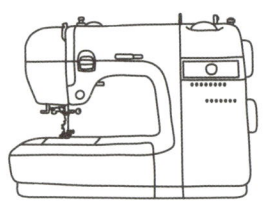

가정용 전자 미싱

전동 미싱에 비해 편리함과 내구성을 보완한 제품으로 초보자들을 위해 편리하게 설계되었습니다. 사용방법이 편리하여 누구나 쉽게 사용이 가능합니다. 봉합을 시작하고 정지할 때 발판과 버튼 모두 사용이 가능하여 기호에 맞게 선택하여 사용할 수 있습니다.

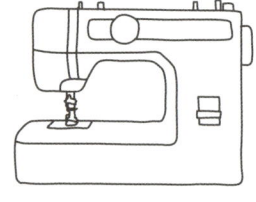

가정용 전동 미싱

미싱 본체에 내장되어 있는 모터가 바늘을 상하로 작동시키고, 모터의 속도는 전압에 의해 조절됩니다. 발판을 누르는 압력으로 속도를 조절하는 타입이 많습니다. 간단하고 쉬운 작업에 주로 사용되는 저가형 기본 미싱입니다.

미싱 각 부분의 명칭

※ [NCC매직]으로 설명하고 있습니다. 기종에 따라 부속품 및 명칭이 상이하므로 각 미싱의 사용 설명서를 참고하세요.

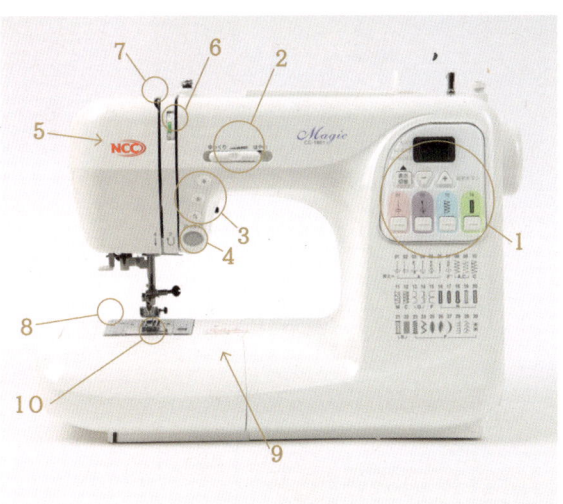

1 LED 버튼식 패턴무늬 선택

2 슬라이드식 속도 조절 레버

3
① 바늘 상하 위치 조절 버튼
② 자동 무늬 완성 버튼
③ 후진 봉합 버튼

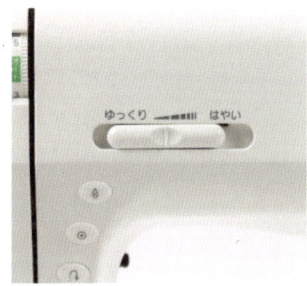

주로 많이 사용하는 스티치 버튼이 외부로 돌출되어 있어 작업할 패턴을 쉽고 빠르게 선택할 수 있습니다.

발판으로 할 수 없었던 세밀하고 정교한 작업! 슬라이드로 부드럽고 섬세하게 속도 조절을 할 수 있습니다.

①풀리를 돌리는 번거로움 없이 버튼만 누르면 바늘이 원단에 고정되어 편리한 봉제가 가능합니다.
②버튼을 누르면 작업하던 패턴을 마지막까지 자동으로 봉제합니다. 직선박기 봉제 시에는 마무리 부분의 실을 묶어 실이 풀리지 않도록 고정합니다.
③바느질의 시작과 끝은 되돌아박기로 튼튼하게!!

4 시작 / 정지버튼

발판이 없어도 버튼을 눌러서 쉽고 편하게 바느질을 할 수 있습니다.

5 노루발 압력 조절 장치

노루발의 압력 조절이 가능하여 원단의 두께와 종류, 특성에 맞춰 봉제할 수 있습니다.

6 Auto 장력 조절 시스템

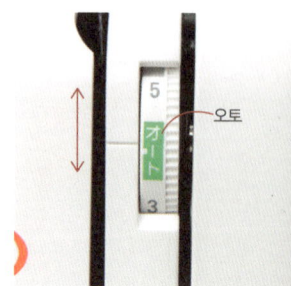

실의 장력이 자동으로 조절되는 자동 장력 조절 시스템. 수동으로도 장력 조절이 가능합니다.

7 실채기 안전장치

윗실이 쉽게 빠지지 않도록 실을 한번 더 잡아 고정해 줍니다. 특히 투명사나 장식사를 사용하는 작업에 유용합니다.

8 One Step 자동 단춧구멍

단춧구멍 노루발에 작업할 단추를 놓고 레버만 내리면 단추의 크기에 맞는 단춧구멍이 자동으로 완성됩니다.

9 패턴 무늬 미세조절 나사

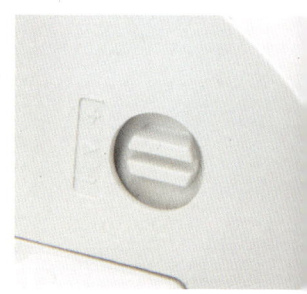

작업하던 무늬가 일그러지거나 울 경우 나사를 조정하여 보다 정교하고 아름다운 패턴무늬를 표현할 수 있습니다.

10 가마 소음 방진 패드

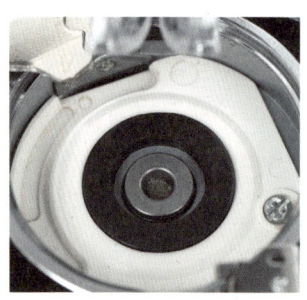

미싱에서 나는 소음을 최소화하기 위해 가마 소음 방진 패드를 넣었습니다. 미세한 소음까지 잡아줍니다.

장소와 공간에 제약을 받았던 옛날의 미싱

최근 사용되는 미싱들은 대부분 전기를 원동력으로 하여 작동하는 미싱입니다. 반면 과거에는 미싱의 본체가 책상에 고정되어 있어 발판을 앞뒤로 움직여 동력으로 작동하는 수동형 방식의 미싱이었습니다. 그만큼 장소와 공간의 제약을 받았을 뿐만 아니라 손과 발이 자유롭지 못한 어려움이 있었습니다. 그러나 전기를 사용하여 미싱을 작동시키기 시작하면서 전기식 발판으로 동작이 비교적 자유로워졌습니다. 최근에는 버튼 하나로 미싱의 작동이 가능한 타입으로 진화, 발전되고 있습니다.

1 바늘 조임 나사

바늘을 고정하거나 교체할 때 사용합니다.

2 실걸이 가이드

바늘에 실을 끼울 때 실이 움직이지 않도록 고정해 줍니다. 실걸이 가이드에 실을 통과시킨 다음 바늘에 끼웁니다.

3 자동 실 끼우기 장치

바늘에 실을 끼우는 번거롭고 어려운 작업을 손동작 몇 번으로 할 수 있도록 쉽고 빠르고 간편하게 도와줍니다.

4 노루발

원단을 작업이 가능한 상태로 미싱에 고정시켜주는 금속 기구로, 봉합 종류에 따라 전용 노루발을 사용합니다.

5 수평 가마

북알 장착이 수월한 수평형 가마로 밑실을 감아둔 북알을 장착합니다.

가마의 종류

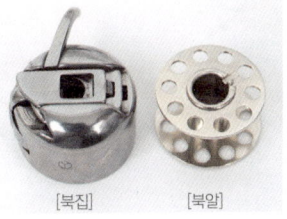

[북집] [북알]

수평 가마

밑실의 설치가 간단하여 실 엉킴이 적은 수평 가마. 밑실의 양도 한눈에 확인할 수 있어 편리합니다. 최근의 가정용 미싱에는 수평 가마를 주로 사용합니다.

수직 가마

기존의 가마 형식으로, 밑실이 감긴 북알을 북집에 넣은 후 북집을 다시 가마에 넣는 구조입니다. 힘을 필요로 하는 공업용 미싱 등에 주로 사용되는 가마 형식입니다.

원단의 기본 명칭과 사이즈

기본적으로 직물은 동일한 길이로 정렬한 여러 가닥의 날실 사이에 한 가닥의 씨실을 좌우로 교차시켜 만들어집니다. 직물의 명칭이나 그 특징을 알아둡시다.

ㆍ직물의 명칭(=원단, 천)

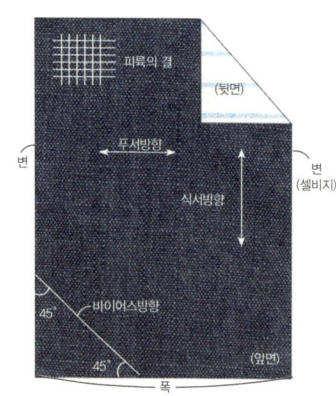

피륙의 결 (뒷면)

푸서방향

변 (셀비지)

식서방향

45°

바이어스방향

45°

폭

식서방향(경사방향)

직물의 날실방향을 식서방향이라고 합니다. 제도나 패턴에 표시되어 있는 화살표는 식서방향을 나타냅니다. 일반적으로 옷을 만들 때 식서방향을 중심으로 재단합니다.

푸서방향(위사방향)

씨실방향을 푸서방향이라고 칭합니다. 식서방향에 비해 늘어나는 성질을 가지고 있습니다. 푸서의 길이가 천의 폭이 됩니다.

바이어스

피륙의 결에 대해 45도 각도를 정바이어스라고 합니다. 천이 가장 잘 늘어나는 방향으로 바이어스 테이프를 만들어 시접의 마무리 등에 사용합니다.

변(셀비지)

직물 폭의 양쪽 가장자리를 말하며, 천에 따라 변 부분의 짜임 밀도를 높게 하거나, 제조회사명을 프린트하는 것도 있습니다.

폭

변에서 변까지의 폭(=푸서의 길이)으로, 사용되는 용도에 맞는 효율적인 길이의 폭으로 만들어집니다.

피륙의 결

천의 날실과 씨실의 짜임으로, 이것이 직각으로 잘 정돈되어 있다면 천의 뒤틀림이 줄어듭니다. 천의 흐름이라고도 합니다.

원단 선 세탁 방법

천은 가로와 세로의 결이 직각으로 교차하여 있는 것이 바른 상태이지만, 생산공정 등에 의해서 비틀어짐이 발생합니다. 또 천연섬유직물(코튼, 린넨 등)은 습기와 접촉하면 줄어드는 성질이 있습니다. 봉합 전에 이러한 비틀어짐이나 수축감을 바로 잡아두지 않으면 완성 후 세탁했을 때 사이즈가 작아지거나 모양이 변형되는 원인이 됩니다. 세탁하지 않는 소품류를 만들 때에는 그다지 신경 쓰지 않아도 되지만, 옷을 제작할 때에는 사전에 천을 바로 잡아둡시다.

천을 바로 잡는 방법

1. 천의 변(셀비지)을 잘라냅니다.

2. 바늘 및 송곳 끝을 이용해서 씨실을 한 가닥을 뽑아 냅니다.

3. 실을 뽑아 빼낸 부분이 씨실 라인입니다.

4. 라인을 따라 여분의 천을 잘라냅니다.

5. 양손으로 천을 비스듬한 방향으로 잡아 당겨, 천의 결이 직각이 되도록 정리합니다. 비틀어짐이 심할 경우에는 다림질로 정리해줍니다.

면직물 및 린넨직물 바로 잡는 방법

1. 물에 듬뿍 적셔 1시간 동안 담가둡니다.

2. 아주 가볍게 물기를 짜내고, 주름을 펴서 그늘에 말립니다.

3. 반드시 덜 마른 상태에서, 뒷면에서 천의 결에 따라 다림질(130~150℃)을 합니다.

천의 종류

특수 소재

[브로드 라미네이트]
면 혹은 마 등의 천 위에 비닐 코팅(라미네이트) 가공한 인테리어 패브릭. 사진은 코튼린넨 라미네이트 천.

[논슬립 발포]
면 혹은 마 등의 천 위에 미끄럼 방지를 위해 우레탄고무 등을 발포한 천. 사진은 코튼린넨 발포 천.

니트 소재

[쮸리]
겉쪽은 평짜임의 싱글, 안쪽은 파일형식의 뜨개지로 루프(표면에 보풀이 일어난 것 같은 것)가 보임.

[테리]
파일(표면에 보풀이 일어난 것 같은) 직물. 표면이 루프로 이루어진 직물 조직. 루프는 파일이라고도 하며 보통 타월지로 불림.

[양면다이마루]
양면 뜨개로 앞뒤가 같게 보인다. 부드럽고 두께가 있는 질감과 적당한 신축성이 특징. **특양면, 스무스** 등으로 불림.

보통 소재

[와플]
표면에 와플모양의 블록을 이루는 직물. **벌집**(허니콤)이라고도 한다. 아동 의류 및 홈데코 등으로 널리 사용된다.

[더블거즈]
2중으로 겉쪽과 안쪽이 각각 다른 거즈 조직으로 짜여져 있는 가볍고 부드러운 직물. 세탁하면 더욱 부드러워진다.

[아사]
일본에서는 마 100%를 아사라 하지만, 한국에서는 60수 이상의 가는 면평직을 통상 아사라고 하거나 또는 **보일**이라고도 한다. 사진의 천은 60수.

[포플린]
면 직물로, 옷의 소재로 많이 사용되며 특히 30수 평직물류는 패치워크에 많이 사용된다. 사진의 천은 30수.

[옥스포드직]
면직물로, 구김이 적게 가고 형태 안정성이 좋아 캐주얼의류의 소재 및 홈데코용으로 많이 사용된다. 사진의 천은 20수.

[캔버스직]
두꺼운 실로 조밀하게 짠 면평직물로 유화를 그릴 때 많이 사용하여 캔버스라 통용된다. 튼튼하고 힘이 있어 캔버스와 덕을 범포(sail cloth)라 하며 덕보다는 얇다. 사진의 천은 10수.

[샴브레이]
날실과 씨실을 한 올씩 교차하여 멀티 효과를 나타낸 평직물. **해지**로 겉쪽에서 얇은 천에서 두꺼운 천까지 다양하고 부드러워 의류사용과 홈데코용으로 널리 사용된다. 사진은 코튼린넨 혼방 천.

[린넨 linen]
아마 섬유를 원료로 한 마 재질의 천. 강한 내구성과 통기성을 가지고 있으며 표면이 평활하여 먼지가 섬유에 축척되지 않아 위생적이므로 여름 의류, 홈데코 및 의료용으로 널리 사용된다.

[햄프 hemp]
대마 섬유의 원료로 한 마 재질의 천. 섬유가 굵고 뻣뻣하며 강도가 커 침구류 및 홈데코 등으로 사용된다.

Part 2 머신소잉의 실전
- 미싱사용법

※ Magic CC-1861 (NCC미싱)으로 설명하고 있습니다. 기종에 따라 부속품 및 명칭이 상이하므로 각 미싱의 사용 설명서를 참고하세요.

l 미싱에 바늘 끼우기

1. 바늘의 평평한 면이 노루발 쪽으로 향하도록 합니다.
※ 기종에 따라서 평평한 면의 향하는 방향이 다를 수 있으므로 주의하세요.

2. 바늘의 둥근면이 작업자 쪽으로 향하도록 장착한 후 바늘이 더 이상 들어가지 않고 멈추는 위치까지 끼워 넣습니다.

3. 바늘 조임 나사를 시계 방향으로 돌려서 바늘을 단단히 고정합니다.

2 밑실 장착하기

1. 실패 장착하기
실패를 실패꽂이에 끼운 후 실패 크기에 맞는 실패막이를 사용하여 실패를 고정합니다.

2. 미싱에 표시된 실을 거는 순서대로 실을 걸어줍니다.

3. 실을 북알 구멍의 안쪽에서 바깥쪽으로 빼냅니다.

4. 북알을 자동 밑실 감기 장치에 꽂습니다.

5. 자동 밑실 감기 장치를 오른쪽으로 밀어 줍니다. 손으로 실 끝을 잡고 시작/정지 버튼을 이용해 3회전 정도 실을 감은 후 멈추고 손으로 잡고 있던 실을 잘라줍니다.

6. 다시 시작 버튼을 눌러 80%정도만 감아줍니다. 북알에 실이 80%이상 감겼을 경우 북알에서 실이 엉키는 현상이 발생할 수 있습니다.

7. 북알의 실이 시계 반대방향으로 향하도록 북알을 가마에 넣습니다.

8. 실 끝을 좌측 홈(돌출부)에 끼웁니다.

9. 투명판 왼쪽으로 실을 여유있게 당겨 꺼내고 투명판을 닫습니다.

3 윗실 장착하기

1. 실패 장착하기
실패를 실패꽂이에 끼운 후 실패 크기에 맞는 실패막이를 사용하여 실패를 고정합니다.

2. 미싱에 표시된 실을 거는 순서대로 실을 걸어 줍니다.

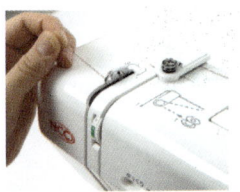

3. 실채기 레버에 오른쪽에서 왼쪽방향으로 실을 걸어 줍니다.

4. 실채기 레버에 실을 걸어 준 후 실을 아래쪽으로 내려 바늘에 있는 실걸이 가이드에 실을 걸어 줍니다.

5. 노루발을 내린 다음, 바늘 상하 위치 조절 버튼 또는 풀리를 돌려 바늘의 위치를 맞추고 자동 실 끼우기 레버를 내려 실을 겁니다.

6. 이때 바늘귀에 자동 실 끼우기 고리가 통과되었는지 확인한 후 실이 좌측 가이드 실걸이를 지나, 우측 자동 실 끼우기 고리를 지나게 합니다.

7. 오른손으로 실 끝을 잡고 자동 실 끼우기 레버를 서서히 놓아줍니다. 레버가 위쪽으로 올라가면서 바늘사이에 실을 끌어올립니다. 이때 실 끝을 잡아뺍니다.

4 밑실 당겨 올리기

1. 노루발을 올린 후 미싱의 전원 스위치를 켭니다. 바늘을 통과한 윗실을 같이 왼손으로 잡아줍니다.

2. 오른손으로는 바늘 상하 위치 조절 버튼 또는 풀리를 천천히 몸쪽으로 돌려 바늘이 침판에 꽂히게 합니다.

3. 다시 바늘 상하 위치 조절 버튼 또는 풀리를 몸쪽으로 돌리면 바늘이 올라 오면서 밑실이 같이 올라옵니다. 이 때, 윗실을 위로 당기면 밑실의 실 루프가 올라옵니다.

5 봉합 테스트

1. 실제 봉합할 원단과 동일한 원단으로 테스트 봉합을 합니다.

2. 앞면에서 윗실의 봉합 땀을 확인합니다.

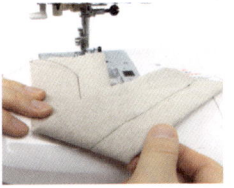

3. 뒷면에서 밑실의 봉합 땀을 확인합니다.

꼭, 체크해 주세요 !

[봉합 땀폭 조절]

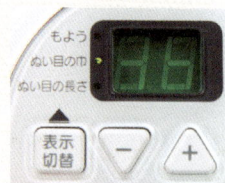

원단에 따라 봉합 땀의 크기는 달라지지만, 보통 두께 원단은 1cm에 4땀을 기준으로 조절합니다. 두꺼운 원단은 땀 폭을 크게, 얇은 원단은 작게 하는 것이 일반적입니다. 봉합 땀이 너무 작으면 원단이 줄어드는 경우가 발생하므로 테스트 봉합을 해보고 체크합니다.

[봉합 속도 조절]

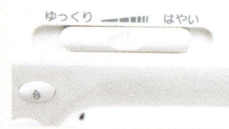

슬라이드식 속도 조절 레버를 좌우로 밀어가며 자신에게 맞는 작업속도를 설정합니다.

[앉는 위치를 바르게 하기]

미싱 작업을 하고 있을 때에는 시선이 곧게 앞을 향하는 것이 중요합니다. 바늘이 상하로 움직이는 부분에 항상 신체 중심을 맞춰 앉습니다.

[윗실 장력 조절]

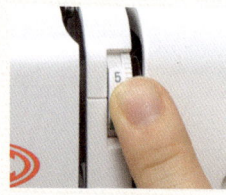

미싱을 사용하는 봉합은 윗실과 밑실이 매듭이 지어지면서 봉합되므로 그 균형을 맞추는 것이 매우 중요합니다. 기종에 따라 다르지만 가정용 미싱에서는 윗실 장력 조절 다이얼로 균형을 조절합니다. 앞면과 뒷면 어느면에서 보아도 일정한 땀을 유지해야 정교한 봉합이 됩니다.

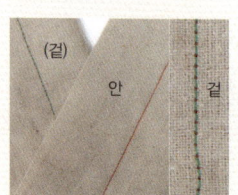

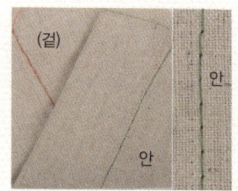

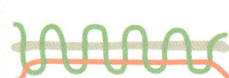

윗실 장력이 너무 강할때
밑실이 떠있는 상태로, 앞면에서 보면 윗실(녹색)이 직선으로 보이며, 밑실(빨간색)이 점으로 보입니다.

윗실 장력이 너무 약할때
윗실이 떠 있는 상태로, 뒷면에서 보면 밑실(빨간색)이 직선으로 보이며 윗실(녹색)이 점으로 보입니다.

올바른 실 장력
원단의 중앙에서 실이 얽혀 있어, 어느 쪽에서봐도 봉합 땀의 모양이 균일하게 보입니다.

Part 2 머신소잉의 실전
- 미싱사용법

↳ 직선봉합
원단의 방향, 바늘의 위치, 노루발이 정확하게 원단에 고정되었는지를 먼저 확인해 주세요

1 직선 봉합하기

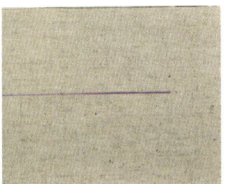

직선봉합을 해보겠습니다.

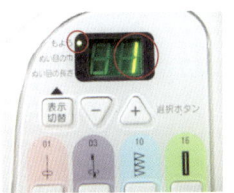

1. 직선 봉합 패턴을 선택합니다.

2. 바늘 상하 위치 조절 버튼 또는 풀리를 이용해 봉합 시작 위치에 바늘을 꽂습니다.

3. 노루발을 내립니다.

4. 시작/정지 버튼을 눌러 봉합을 시작합니다.

5. 양손으로 가볍게 원단을 잡고 봉합합니다.

6. 봉합 마무리 부분의 조금 앞쪽에서 멈추고, 천천히 봉합을 마무리 합니다.

7. 바늘 상하 위치 조절 버튼 또는 풀리를 앞으로 돌려 바늘을 위로 올립니다.

8. 노루발을 올립니다.

9. 원단을 뒤쪽으로 당겨 뺍니다.

10. 사절장치로 실을 끊습니다.

완성이에요!

2 직선 봉합 상태에서 봉합 방향 바꾸기

직선 봉합 상태에서 봉합 방향을 바꿔서 봉합해 보겠습니다.

1. 모서리 부분까지 봉합하고, 원단에 바늘이 꽂힌 상태로 잠시 멈춥니다.

2. 노루발을 올립니다.

3. 원단을 돌려 사진과 같이 봉합할 방향으로 변경합니다.

4. 노루발을 내려 다시 봉합합니다.

완성이에요!

3 직선 봉합으로 곡선 봉합하기

곡선을 봉합해 보겠습니다.

1. 바늘이 봉합선에 맞도록 조절하고, 바늘 상하 위치 조절 버튼이나 풀리를 사용해 원단에 바늘을 꽂습니다.

2. 노루발을 내린 다음, 왼손을 원단 뒤쪽으로 두고 원단을 돌려가며 천천히 봉합합니다.

3. 바늘이 원단에 꽂힌 상태에서 노루발을 올리고 봉합선이 정면으로 오도록 원단을 돌립니다.

4. 2~3cm간격으로 여러 번 방향을 수정하면서 봉합합니다.

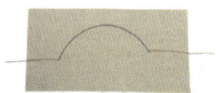

완성이에요!

4 프리암 봉합하기   ※프리암 봉합 기능은 의상의 소매단, 바지 밑단 등에 사용할 수 있어 아주 편리합니다.

1. 미싱에서 작업 테이블을 분리하여 주머니 작업을 위한 프리암 봉합을 준비합니다.

2. 그림과 같이 봉합 시작 부분의 가장자리에 바늘을 꽂고 노루발을 내립니다.

3. 왼손으로 원단을 밀어주면서 봉합합니다.

4. 봉합 끝 부분은 봉합 시작 부분과 조금 겹치게 하여 튼튼하게 봉합합니다.

되돌아박기-[후진 봉합 버튼 사용] ※ 봉합의 시작과 끝부분은 되돌아박기하여 마무리합니다

1. 봉합을 시작하는 시점에 바늘을 내려 원단에 바늘을 꽂습니다.

2. 4~5땀 봉합한 후, 후진 봉합 버튼을 누릅니다.

3. 봉합을 시작한 지점까지 후진 봉합을 한 후, 다시 직선 봉합을 진행합니다.

4. 끝점에 다다르면, 후진 봉합 버튼을 눌러 4~5땀 되돌아박기를 한 후, 다시 직선 봉합으로 봉합을 합니다.

되돌아박기-[후진 봉합 패턴 사용]

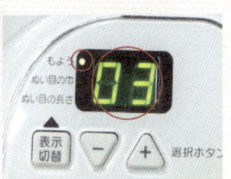

1. 패턴무늬에서 03 후진 봉합 패턴을 선택합니다.

2. 봉합을 시작하는 지점에 바늘을 내려 원단에 바늘을 꽂습니다.

3. 봉합을 시작하면 자동으로 후진 봉합 작업이 되면서 직선 봉합을 합니다.

4. 봉합을 끝낼 끝점에 다다르면, 후진 봉합 버튼을 눌러 자동보강 작업을 한 후 멈춥니다.

[직선 봉합을 활용한 수동 봉합]

1. 봉합 시작 지점에 바늘을 내립니다.

2. 4~5땀 봉합한 다음, 원단을 돌려 방향을 전환하여 봉합해 줍니다.

3. 다시 봉합 시작부분까지 되돌아 오면 다시 한 번 방향을 전환하여 봉합합니다.

4. 봉합 끝부분에 오면 1~3번과 같은 순서로 보강 봉합합니다.

매듭짓기

1. 원단의 뒷면에서 밑실을 당겨 윗실을 빼냅니다.

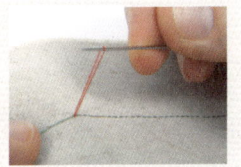

2. 뒷면에서 바늘로 윗실의 루프를 당겨, 실 끝이 나올 때까지 당깁니다.

3. 봉합 땀의 끝에서 2가닥을 함께 매듭짓습니다.

4. 실 끝을 짧게 자릅니다.

단춧구멍 만드는 방법

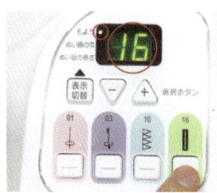

1. 패턴선택 다이얼을 **단춧구멍**에 놓고, 땀폭 다이얼을 0.5~1사이에 맞춥니다.

2. 단추구멍 전용 노루발 위에 단추를 놓습니다.

3. 노루발을 미싱에 장착하고, 밑실을 노루발 아래로 둡니다.

4. 봉합 시작 부분의 중심에 바늘을 내리고 변환 레버를 내립니다. 실 끝은 엉키지 않도록 옆으로 둡니다.

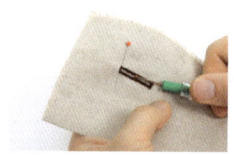

5. 시작 버튼을 눌러 봉합을 시작합니다. 봉합이 끝나면 자동으로 멈춥니다.

6. 단춧구멍의 안쪽에 시침핀을 꽂고, 실뜯개로 단춧구멍을 가릅니다.

단추 다는 방법

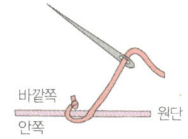

바깥쪽

안쪽   원단

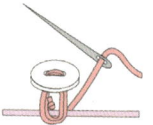
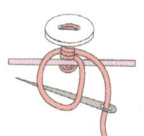
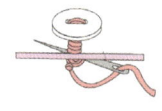

1. 실 끝을 매듭짓고, 바깥쪽에서부터 천을 한 땀 뜹니다.

2. 바느질하면서 단추를 팽팽하게 잡아 당기지 말고, 위의 그림처럼 마무리 지을 부분에 여분을 조금 남기면서, 천과 단춧구멍에 2~3번 실을 통과시킵니다.

3. 위에서 아래로 여분을 남겨놓은 부분에 실을 감고, 마지막에 그림처럼 고리 안에 실을 통과시켜 단단하게 잡아 당깁니다.

4. 바늘을 안쪽으로 빼내어 매듭짓고, 단단하게 고정시키기 위해 다시 한 번 바깥쪽으로 실을 빼내어 잘라줍니다.

단춧구멍의 위치

우선 위쪽과 밑쪽의 단춧구멍 위치를 정하고 나서, 사이에 균등한 간격으로 다는 것이 일반적입니다. 단춧구멍을 세로로 열 경우, 상하의 단춧구멍 위치에 주의합니다.(그림 참조)

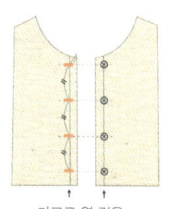
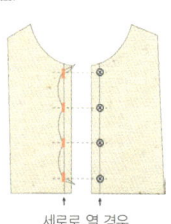

가로로 열 경우   세로로 열 경우

단춧구멍의 치수

사용할 단추의 **직경＋두께**에 의해 단춧구멍의 길이가 결정됩니다.

직경

두께

직경

두께

직경

두께

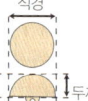

직경＋두께

베이비/ 아동/ 성인 **의상 소잉 DIY 전문멀티샵**

"패션스타트NCC 대리점"

세심하고 체계적인 단계별 교육과정을 통하여 의상소잉에 대한 자신감과 소잉실력,
더 나아가 내가 원하는 의상작품을 스스로 제작하며 소잉의 진정한 즐거움과 가치를 전하는 패션스타트NCC 대리점입니다.

 "의상 소잉상품"
다양한 종류와 스타일의 원단/ 부자재/ 패턴/ 서적 등

 "초급·중급·고급 단계별 의상전문 교육과정"
베이비, 아동, 성인아이템으로 구성된 체계적이고 전문화된 시스템

 "미싱 교육"
소잉의 즐거움을 전하는 고급 NCC미싱으로 진행

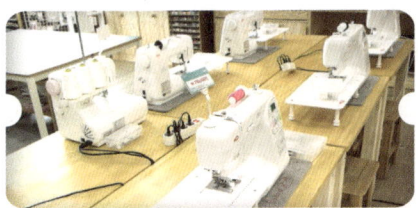

- 의상 소잉 DIY 전문 멀티숍 패션스타트NCC 전국 대리점 -

경인지역 김포 장기점 010-4170-7964, 수원 송죽점 031-207-0966, 인천 청라점 032-563-3027, 평택 안중점 010-9138-1974

경상지역 경주 황성점 054-776-5008, 구미 원호점 054-442-4001, 김해 장유점 070-8835-1019

전라지역 광주 동천점 010-7544-6356, 광주 첨단점 062-973-6314, 전주 효자점 063-223-3609

패션스타트NCC 대리점에 관한 개설문의는 패션스타트(www.fashoinstart.net) 또는
NCC미싱(www.nccmising.com) 사이트를 통하여 하실 수 있습니다.

Natural Sewing Life

Simple  Sewing

심플소잉NCC

경기 광주 오포점

수원 광교

내 삶의 즐거움과 행복을 더해주는 심플소잉NCC 대리점

서울지역 서울 방배점 02-6339-2223

경인지역 인천 송도점 032-833-7730, 화성 동탄점 070-4190-3830, 분당 수내점 031-711-0015,
용인 동백점 070-8820-8922, 용인 신봉점 031-264-3769, 안양 평촌점 070-8683-8053,
부천 상동점 070-7641-0305, 수원 영통점 031-273-9411, 수원 권선점 070-4106-7793,
평택 소사벌점 031-651-7794, 일산 주엽점 031-906-6577, 이천 창전점 031-638-0251,
경기광주 오포점 031-767-6415, 수원 광교점 031-211-3885

충청지역 천안 두정점 070-4078-9135, 청주 가경점 043-232-0306, 청주 용암점 043-900-3579,
충남 당진점 070-4104-9320, 충주 교현점 043-856-9910, 대전 탄방점 042-487-8265,
대전 노은점 070-7776-5337, 천안 신방점 041-579-7275, 아산 배방점 041-532-5476,
서산 예천점 041-665-0607, 제천 중앙점 043-642-3106

경상지역 대구 범어점 053-201-0060, 부산 미남역점 051-741-3887, 부산 정관점 051-728-4159,
부산 화명점 051-365-1591, 울산 남구점 052-271-1188, 울산 화정점 052-234-2194,
울산 성안점 052-248-8671, 포항 북부점 054-615-4004, 창원 남양점 055-263-5662,
안동 문문점 054-852-5662, 경주 노서점 054-771-6349

전라지역 광주 충장점 062-225-5662, 광주 수완점 062-653-2335, 순천 장천점 061-900-9965,
목포 하당점 061-287-8155, 군산 지곡점 063-468-6338

강원, 제주지역 제주시 제주점 064-733-5151, 원주 중앙점 033-742-9884

누구나 생각하던 일반적인 '공방'이 아닙니다.

소잉에 필요한 원단, 부재료, 패턴, 서적의
다양하고 풍성한 상품구성 공간!

그동안 눈으로만 봤었던 "재봉틀(미싱)"을
샵에서 직접 만져보고 체험 할 수 있는 공간!

본사의 체계적인 관리와 교육을 마스터한
전문강사와 다양한 과정의 수준높은 소잉교육
공간!

눈으로 보고, 손으로 만져보고, 몸으로 체험하는
국내최초 신개념 소잉 복합공간, 소잉DIY 체험
멀티샵! 입니다.

심플소잉NCC 대리점은 소잉을 통한 즐거움과
행복으로 더욱 풍성해지고 가치있는 삶을
전해드립니다.

상담 및 문의 1644-5662
웹페이지 www.nccmising.com

New Premium Sewing Machine
뉴 프리미엄 스타일 미싱

Sew Cool CC-5506

기본에 충실한 소잉 생활필수품

오버록 & 인터록에 관하여 최상의 봉제
퀄리티를 보여주며 뛰어난 내구성과 편의기능을
구현한 오버록 미싱입니다.

컨버터	땀 길이 조절 다이얼	톱니 차동 이송 조절 레버

컨버터를 장착하여 실을 2개만 장착하여도 재봉이 가능합니다.	1~4mm까지 자유롭게 조절 가능하며 인터록 재봉시에는 "R"로 설정하면 됩니다.	차동 이송 조절 레버는 고무줄과 셔링 잡기 작업을 도와주는 역할을 하며, 얇은 소재의 원단이나 다이마루, 기타 스판성이 있는 원단들을 오버록 처리할 때 발생하는 사임퍼커링 현상을 줄여줍니다.

---

* 더욱 즐겁고 편리한 소잉을 위한
  1. 누구나 쉽게 장착 가능한 실 끼우기 방식
  2. 편리하고 정확한 장력조절
  3. 2색, 3색, 4색 오버록 및 인터록으로 다양한 연출이 가능합니다.

* 편리한 온라인 쇼핑몰 – NCC미싱, 패션스타트, 심플소잉, 퀼트스타

* 소잉 DIY전문 멀티샵 – 심플소잉NCC 대리점, 패션스타트NCC 대리점

* 편리하고 완벽한 NCC미싱 고객서비스 실현!
  ▶ 'GIVE & TAKE A/S 대체미싱 서비스'
  ▶ 구입처에 관계없는 '미싱 본사 직접관리 시스템'

검색창에 NCC미싱 ▼ 을 쳐보세요.

www.nccmising.com   문의전화 1644-5662

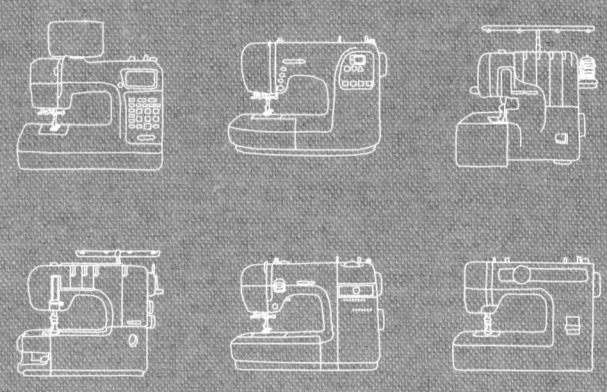

머 신 소 잉 의 기 초 와 실 전